ヴェーラ・ポリトコフスカヤ

サーラ・ジュディチェ著　関口英子・森敦子訳

母、アンナ

ロシアの真実を暴いたジャーナリストの情熱と人生

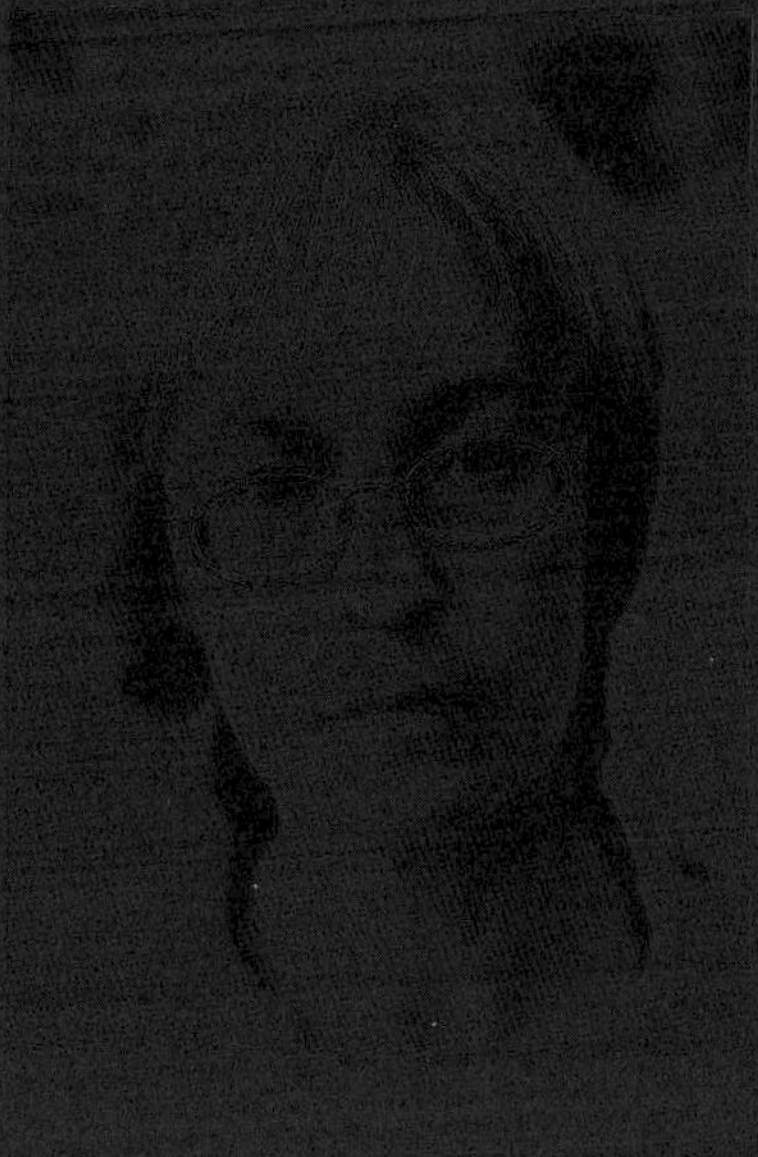

UNA MADRE

La vita e la passione per la verità
di Anna Politkovskaja
Vera Politkovskaja con Sara Giudice

NHK出版

母、アンナ

装幀 吉野 愛

目次

プロローグ　哀惜の響き――5
第一章　眠らない目――11
第二章　父――23
第三章　クーデター――29
第四章　プーチンの王国――37
第五章　報道と検閲――45
第六章　母なら「戦争」と呼んだだろう――51
第七章　貧しき者たちの戦争――63
第八章　脱出――79
第九章　約束――93
第十章　二度とこんなことが起こりませんように――103
第十一章　モスクワの錯乱者――113

第十二章　わたしもあの中にいたかもしれない――123
第十三章　兄妹で記憶をたぐりよせて――139
第十四章　プーチンの毒薬――151
第十五章　幸せはココナッツチョコレート――159
第十六章　マーティンとファン・ゴッホ――167
第十七章　襲撃――173
第十八章　徒労――183
第十九章　最後の取材――189
第二十章　自由の国の亡霊――195
第二十一章　家が燃え、橋が焼け落ちる――203
解説　安間英夫（NHK解説委員）――210
訳者あとがき――217

編集部注：〔　〕は訳注を示す。

プロローグ

哀惜の響き

ロシアは、プーチンが近視眼的な政治によって掘りあげた深淵に陥りつつある。

アンナ・ポリトコフスカヤ、二〇〇四年

わたしの母は、ロシア当局にとってのみならず、新聞をひらいて記事を読む一般の人たちにとっても、つねに居心地の悪さを感じさせる人だった。残念ながらロシア国民の大多数は、政府系チャンネルの画面で報じられる事柄を信じている。プロパガンダによってつくりあげられた仮想の世界。そこではだいたいにおいて何事もうまくいっている。そして、ことあるごとに世論に対して注意喚起される諸問題はいずれも、ロシアで皮肉な笑いとともによく言われるように、「腐敗した欧米諸国」に起因するものなのだ。

母は、記事で喜ばしいニュースをとりあげることはめったになく、たいてい悪い知らせの伝達者だった。兵士や犯罪組織、そして戦争という「肉挽《ひ》き機」に巻きこまれたごく一般の人たちについて、残酷な真実をありのままに報じ、苦悩や流血、死、ばらばらになった肉体、打ち砕かれた希望を文字にした。

母が殺されたのは二〇〇六年十月七日。十月七日はウラジーミル・プーチンの誕生日にあたる。二十六歳だったわたしは、母親になる準備をしていた。その日までわたしは、欧米におけるアンナ・ポリトコフスカヤの知名度がなんらかの形で盾となり、母が危険な目にさらされたり、殺害されたりすることはないはずだと思っていた。だが、それは思いちがいだった。

独裁者たちは、自らの権力を確固たるものとするために人間の犠牲を必要とする。自由を護《まも》るための唯一の方法は、虚言と闘い、真実を口にすることなのだ。ロシアでは自由が制限されている。それでも、わたしは一度も国を離れようと思ったことはなかった。母を殺害した人間を生みだした国はまた、わたしが暮らし、働きたいと願う国でもあったのだ。

ロシアでは、だれもが早々にアンナ・ポリトコフスカヤのことを忘れていった。ことに有力な地位にいる人ほど忘れるのが早かった。母のような人物を記憶にとどめておくことは危険だからだ。母の足跡を消し去り、真実を忘れたほうが、はるかに都合がよいわけだ。

欧米諸国において、ポリトコフスカヤという名前は尊ぶべきアイコンだ。母の名を冠した広場や道があり、大学では母のジャーナリストとしての活動が研究され、世界各国で著作

アンナとヴェーラ。2005年7月、モスクワにて。

が翻訳刊行されている。ところがロシアでは、その名は沈黙に包まれている。母が精力的な取材を続けたチェチェンでは、戦闘が終結し、共和国内における政治基盤は安定したものとなった。権力を握るのは、母への憎悪をあからさまに示してきたラムザン・カディーロフだ。

ロシアによるウクライナへの侵攻によって、わたしたちの生活は激変した。二〇二二年二月二十四日以降、ポリトコフスカヤというわたしたちの名字はふたたび重い意味をもつようになり、脅迫の対象とされ、またもや命の危険にさらされることになった。今回は、まだティーンエイジャーのわたしの娘に矛先が向けられた。学校でウクライナでの紛争が話題にのぼるようになると、クラスメイトが彼女を攻撃しはじめたのだ。それもかなり激しく。そのため、わたしたちは自主的な亡命という道を選び、第三国へ逃げることにした。大急ぎで荷物をまとめ、モスクワを脱出した。すでにわたしたちから多くを奪ったモスクワを。わたしからは母を、娘からは祖母を奪ったモスクワを。

わたしが本書を著そうと決意したのは、母がわたしたちに遺した教えを記憶にとどめたかったからだ。

「勇敢でありなさい。そしてすべての物事をしかるべき名前で呼ぶのです。独裁者は独裁者と」

第一章　眠らない目

カシャカシャカシャ、チーン、改行、ふたたびカシャカシャカシャカシャ。無限にくり返されるタイピング音。

けっしてありふれた生活音とはいえないが、わたしにとってはこれが暮らしのバックミュージックであり、毎晩の子守歌だった。

みんなが食事をすませ、だれかが犬を散歩に連れていき、わたしと兄は母に宿題を見せてからベッドに入る。そうして一日が終わると、このカシャカシャという音が始まるのだった。集中した母のメガネの奥の眼差しは真剣そのもの。一瞬たりともタイプライターから視線をそらさず、さながら人生でもっとも重要な任務を遂げようとしているかのようだった。わたしと二歳年上の兄がそばで見ていることに気づくと、こう言ったものだ。「なあに？　どうして寝ないの。何をしに起きてきたの。急いでベッドに入りなさい」。そしてふたたび、カシャカシャカシャ……。

母は、両親のアメリカ駐在中にニューヨークで生まれた。母の父親、つまりわたしの祖父ステパン・フョードロヴィチ・マゼーパはウクライナ人で、国連のウクライナ代表部で働いていた。わたしから見て祖母にあたるライーサ・アレクサンドロヴナ・マゼーパはロシア人とウクライナ人のあいだに生まれ、外交組織の一員ではなかったが、夫とともに渡米していた。ソ連時代、外交官は配偶者を伴わずに国外に長期滞在することができなかったのだ。

祖父母から聞かされた幼少期の母の特徴は、今日わたしが娘に対して抱く印象によく似ている。ふたりともおなじように意志が強く、おなじように自由を愛している。わたしの母は、万人の自由と正義を信じていた。

母はわたしを出産する前からジャーナリストを目指しており、その決心が揺らいだことは一度もなかった。「プランB」は存在しなかったのだ。母がモスクワ大学ジャーナリズム学部を卒業したのは、わたしが生後一か月になったばかりのときだ。一九八〇年、国内では夏季オリンピックが開催されていた。ソ連のアフガニスタン侵攻に抗議するために、約六十五か国がボイコットしたあの大会だ。

それから数年が経過すると、ソ連はかつてないほど自由な時代に突入する。ペレストロイカ(再建)という言葉が世界じゅうで知られるようになり、このじつに多様な意味をもつスローガンのもとで検閲が徐々に緩和された結果、メディアが自由化していった。欧米諸国との関係もしだいに正常化し、わたしたちはもはや欧米の敵ではなく、協力関係が生まれはじめた。

ジャーナリストとしてのアンナ・ポリトコフスカヤが形成されたのは、まさにこのペレストロイカの時代だ。彼女は変化を希求するペレストロイカの精神をみごとに体現した存在だった。完遂された民主主義を夢み、世界のどんな国もこれまでに享受したことのないような、しかるべき自由が保障された国でジャーナリストとして活動することを夢みていた。

わたしの母と父は若くして出会った。母は十七歳で、義務教育の最終学年〔ロシアの学校システムは小中高一貫の十一年制〕に通っていた。いっぽう、父のアレクサンドル・ポリトコフスキーは、すでに大学でジャーナリズムを専攻していた。母の家でひらかれたパーティーに父がやってきたことで、母の人生はがらりと変わった。ふたりが結婚したのは、その三年後の一九七八年。式の当日、父は花を一輪挿したハンチング帽をかぶり、黒パンとウォッカの入った鞄《かばん》を肩から斜めに提げた恰好《かっこう》で未来の舅《しゅうと》と姑《しゅうとめ》の前にあらわれ、「花嫁を迎え

結婚式当日のアレクサンドルとアンナ、幼馴染みのマリーヤ（左）とエレーナ（右）とともに。

に参りました」と挨拶した。だが父の遍歴書生風《ゴリアール》のユーモアは祖父母には通じなかったらしい。祝宴は十九平米のアパートメントで催され、その年のうちに、おなじアパートメントで兄のイリヤーが生まれた。

母が卒業論文のテーマに選んだのは、ロシアの詩人マリーナ・ツヴェターエワの生涯とその作品についてだった。母はこの詩人が大好きで、机にはつねにツヴェターエワの詩集か散文を置き、折にふれて読みかえしていたのを憶《おぼ》えている。マリーナ・ツヴェターエワは悲運の女性だった。波乱万丈の生涯を送った彼女の内面が表出された率直な詩からは、心に深い傷を残した痛みや苦しみが手にとるように感じられる。ツヴェターエワは、四十八歳のときに自らの人生に幕を下ろした。殺害されたときの母とおなじ歳だ。そのため母が暗殺されたあと、母がツヴェターエワに対して生涯抱いていた関心が、だれもがもつ詩人や作家の好き嫌いとは次元の異なるものとしてわたしの目に映るようになった。

母が大学を卒業した日にはわたしもそこにいた。まだ赤ん坊だったから、もちろん何も憶えていない。母は預け先を見つけられずに、しかたなくわたしを連れていっただけだったが、それが単なる偶然ではなかったと思いたい。生後一か月のわたしがモスクワ大学のジャーナリズム学部にいて、音楽家としての長いまわり道ののちに、運命に導かれ、ほかでもなくジャーナリストとして歩みはじめたのだと考えると、なんだか愉快になる。できるこ

家族写真。
アンナの腕に抱かれているのは、生後まもないヴェーラ。
左隣がイリヤーで、後ろに立っているのがアレクサンドル。

となったいま、母が卒論審査委員たちの前で発表するのを聞き、その仕草や表情を観察してみたい。

母が、世界に名を馳せるジャーナリストとなるべく研鑽《けんさん》を積んでいたとき、わたしはすでにこの世に生を享《う》けていた。わたしと兄は、生涯を全力で駆けぬけた母にとって、取りのぞくことのできないブレーキであったと同時に、未来へと羽ばたくためのあと押しであり、夢を途中で断念しないために欠かせない動力源だったのだ。

大学を卒業した母は、パートタイムだったものの、すぐに働きはじめた。ふたりの幼い子どもを抱えながらフルタイムで働ける女性など、その頃はまだほとんどいなかった。母の初仕事はいっぷう変わっていた。新聞社の編集部に届く手紙の整理だ。その新聞社は、当時わたしたちが住んでいたアパートメントからほど近いところにあったので、母は山のような手紙を持ち帰り、家で一通ずつ開封して中身を取りだし、便箋と封筒をホチキスで留め、宛先の記者ごとに仕分けをしていた。それをまた編集部に届け、それぞれの机の上に置くのが仕事だった。やがて、よりやりがいのある仕事を見つけていく。一九八二年から一九九三年までは日刊紙「イズヴェスチヤ」や、週刊紙の「ヴォズドゥーシヌイ・トランスポルト」〔航空関係の業界紙〕、「メガポリス・エクスプレス」、創作団体〈エスカルト〉や、出版社〈パリテート〉で記事や評論を執筆していた。一九九四年には、当時人気のあった週刊新聞

「オープシャヤ・ガゼータ」に就職し、評論を執筆するようになった。その頃にはわたしと兄ももう大きくなっていたので、母はようやくフルタイムで自分の天職に専念できるようになった。

「オープシャヤ・ガゼータ」紙は、政治や経済、社会問題を扱い、最新の時事問題についてのルポルタージュや、政治家、文化人、報道人といった各界の重要人物へのインタビューを掲載していた。その一環として同紙が追っていたのが、当時急速に進んでいた巨大な国営企業の民営化計画だった。母はこのテーマを皮切りに、社会的な意義が大きく、センシティブな問題について論じるようになる。

お世辞にも協調的とはいえない性格の持ち主である母のジャーナリスト人生は、同僚や

ふたりの子どもを抱いてほほえむアンナ

編集部との対立や衝突の連続だった。母といっしょに働くことは容易ではなかったろう。かつて母は、同紙の編集長のエゴール・ヤコヴレフに、家庭の事情で記事が締め切りに間に合わないと訴えたところ、そんな言いわけなどどうでもいいと一蹴されたことがあった。「そんなのはきみの私生活の問題じゃないか」と言われたのだ。ようするに、仕事を二の次にするな、個人的な問題とは切り離して考えろ、ということだ。その場では反論したかもしれないが、母も内心では、彼の仕事との向きあい方が正しいと思っていたにちがいない。それはその後、母が編集長に倣い、文字どおりの「仕事の鬼」となっていったことからもわかる。

　母は同紙で、民営化のなかでも特殊な問題を追っていた。民営化証券《バウチャー》を担保とした債権の競売だ。当初、政府が全国民に配布したこの証券は、九〇年代半ばにはあちこちで売買されていた。この証券の大量保有者たちによって考案されたからくりにより、国有財産が安価で買いたたかれ、私有化されるようになったのだ。

　こうした状況下で、母はウラジーミル・グシンスキーという新興財閥《オリガルヒ》の利権についての調査報道をおこなっていた。絶大な権力をもち、国内最大の民放テレビ局NTVのオーナーだったグシンスキーは、母の取材を快く思わず、電話をかけてきて呼びだすと、母本人と家族（父とわたしと兄）の素行調査報告書を見せた。「野蛮な九〇年代」といわれたその時代、潜在的な敵について情報を収集するのは常套《じょうとう》手段であり、権力者たちは日頃から絶え間なくおこなっていた。だが正直なところ、その調査報告書を見せることで母から何を得ようとしていたのか、わたしにはわからない。わかっているのは、その日、母がめずらしく怯《おび》え、とり乱して帰宅したことと、二度とその話を口にしなかったことだけだ。

母は、同紙でもうひとつ非常にセンシティブな問題を追っていた。ソビエト連邦崩壊後、国のあちこちで生まれた宗教セクトや、それに類似した団体にまつわる問題だ。現在のロシアはそうした団体の活動を禁止しているが、当時の政府はそれどころではなく、セクトが隆盛を極めていた。母はセクトの指導者たちが信者を勧誘する方法に関する資料を大量に集め、彼らが催眠術をはじめとするさまざまな手法で心理的圧力をかけていることを突きとめた。こうしてかき集められた「犠牲者」は、すべての家財を売って換金し、家族と縁を切るように強いられ、その後いっさいコンタクトが取れなくなる。母は残された親族に会って取材しながら、彼らの憤りや不安の声を集め、こうした状況を阻止するためにできることを模索した。少なくとも告発はできた。

とはいえ、当時の同僚たちが証言するとおり、母が「オープシャヤ・ガゼータ」紙で働いた五年間は、編集長エゴール・ヤコヴレフとのあいだの解決不可能な衝突の連続だった。

第二章　父

わたしの両親の関係は、たとえるならば絶えず噴火する火山といったところだろうか。抑制のきいた穏やかな夫婦関係とは対極にあった。

母は、日常生活においても扱いにくい人だった。家庭の切り盛りや、わたしたち子どもに対してできるだけのことをしたいという思い、さらには周囲で起こるすべてのことに対する鋭い感性が、彼女を疲弊させていた。いま思うと、母はあまりにも若くして、家族という責任を背負ってしまったのかもしれない。

鮮明に残る記憶のひとつに、両親の激しい口論がある。朝のことだった。わたしと兄のイリヤーは子ども部屋に、両親は自分たちの寝室にいた。週末で、父は釣りか、あるいはほかの場所だったかもしれない、ともかくどこかへ出かけようとしていた。父が外出するのを嫌がった母が機嫌を損ね、激しい口論となった。兄は素知らぬふりをしていたが、わたしはベッドに座り、耳をそばだてて口論の行方を追っていた。

そのとき突然、両親の寝室から、家具が床に倒れるような穏やかならぬ物音が立て続けに響いた。父が怒鳴り、それに負けじと母がわめきちらす。やがてそれが涙声に変わっていった。父と母が寝室を出て子ども部屋の前を通りすぎたとき、怒声はさらに大きくなった。廊下にいるふたりの姿がドアのガラス越しに見えた。その後、父がものすごい剣幕で家を飛びだしていった。

父、アレクサンドル・ポリトコフスキーは、わたしたちが幼い頃からすでに著名なジャーナリストだった。共産党が民衆の支持を失いつつあることが決定的となった時代のことだ。社会が大きく変化していくなか、新世代のジャーナリストたちはその変革の波に乗り、自らの職業に全身全霊を捧げていた。以前は、共産党の書記長がどこかの集団農場《コルホーズ》を訪問したことをありきたりの記事にまとめ、一面に掲載し、その日のトップニュースとして報じるのが関の山だったのだから。

初めて民間のラジオ局が開設され、人権擁護団体の〈メモリアル〉が設立され――これが二〇二二年にノーベル平和賞を受賞する――、物理学者のアンドレイ・サハロフが流刑地ゴーリキー〔現 ニジニ・ノヴゴロド〕からモスクワへと帰還した。あらゆることがいっせいに動きだし、あらゆることが新しい光を帯びていた時代だ。

わたしの両親はそんな波のただなかにいた。ほどなく、その波は止められないものとなる。父は、テレビ番組「ヴズグリャート（視点）」の出演者のひとりだった。一九八七年十月に放送が開始されたこの番組は、テレビ業界に文字どおり風穴を開け、耳目を集めた。番組には数十名のジャーナリストが出演していたが、三十年経ったいま、人びとの記憶に残っているのは、ヴラジスラフ・リスチエフ、アレクサンドル・リュビーモフ、ドミートリー・ザハーロフ、ウラジーミル・ムクーセフ、そして父の数名だけだろう。同番組は調査報道の研

若かりし日の仲むつまじいアンナとアレクサンドル

鑽の場となり、現代的なトークショーを牽引する存在となった。解説と詳細な分析がおこなわれ、数年前ならありえなかった報道がなされた。従来とは大きく異なる、形式にこだわらないスタイルは、とりわけ若者に熱烈に支持され、主要メディアが慎重に避けて通るテーマについての議論を可能にした。誇張ではなく、極東のウラジオストクからバルト海のカリーニングラードまで、国じゅうが放送を楽しみにしていた。次つぎと発展を続ける世界にもはや追いついていけず、緩むいっぽうのプロパガンダの網の目をかき分けて、自由がいたるところに浸透しつつあった。

父は多くのセンシティブな問題を追

いかけていたが、そのひとつがチェルノブイリ〔現在は、ウクライナ語のチョルノービリと表記される〕原子力発電所の悲劇〔一九八六年四月に爆発を起こし、放出された放射性物質により死者を含む多くの健康被害者を生んだ未曾有の事故〕であり、事故の破壊的な影響を調査した。大惨事の九日後には番組のディレクター陣の指示で現地に送りこまれ、もっとも激しく放射能に汚染されたプリピャチ〔現在は、ウクライナ語でプリーピャチ〕の町にも取材に入った。その後、原子力発電所の近くにある村を訪れ、避難を拒んだ住民たちから直接話を聞いた。自身の健康に悪影響がおよぶ可能性を承知のうえで、深刻な放射能汚染のなかで暮らしつづけている人たちがいるというのは信じがたいことだった。それからほどなくして、父の体にも放射能の影響があらわれはじめた。髪が抜けおち、体重が大幅に増加したのだ。

父はベラルーシのミンスクにもたびたび足を運んだ。放射能を浴びた子どもを治療する小児血液病センターがあったからだ。実際は、資金も病床も医薬品も不足し、治療ができるような状態ではなく、多くの子どもが手の施しようもないまま命を落としていた。父のルポルタージュが放送されると、国じゅうから寄付が集まり、状況は大きく改善された。

その数年前だったら、政府の治安機関の命令によって沈黙のベールの陰に隠蔽《いんぺい》されていたにちがいないできごとについてジャーナリストが取材できたという事実は、ペレストロイカがもはや不可逆の流れであることの明々白々たる証拠だった。

第三章　クーデター

ソビエト連邦が事実上崩壊した一九九一年の夏、わたしは十一歳だった。八月十九日から同二十一日までの三日間、国じゅうがカオスのただなかにあった。

その夏、わたしたち家族はバルト海で休暇を過ごしていた。両親が友人たちといっしょに海辺の大きな一軒家を借り、数家族で集っていたのだ。

八月十九日の朝、目覚めてすぐに階下に向かったわたしは、ひどく奇妙な光景を目にした。おとなたちが半円形に並び、押し黙って、チャイコフスキー作曲のバレエ「白鳥の湖」を映しだすテレビを見ている。

ソビエト連邦共産党書記長が死去した際には、このバレエの録画が流されるのが慣例となっていた。とはいえ、このときはだれかが亡くなったわけではない。閣僚や軍の上層部をはじめとした力のある保守派政治家の一団が、ペレストロイカを推し進めていたミハイル・ゴルバチョフ大統領を軟禁して、ソ連全土に非常事態を宣言したのだった。その日、父と兄のイリヤーはたまたまモスクワに戻っていて、クーデターが起こる直前に自宅に着いていた。父はイリヤーを祖母の家に預けると、ボリス・エリツィンをリーダーとする、クーデターに抵抗する民主派がバリケードを築いて立てこもっていた、ロシア共和国最高会議ビル、「ベールイ・ドーム〔ホワイト・ハウスという意味のロシア語〕」に向かった。このビルは、その後ほどなく、新生ロシアの独立をかけた戦いの舞台となる。

何が起こっているのかと母に尋ねたところ、保守派がクーデターを起こし、モスクワを占拠したのだと告げられた。戦車が街なかを進み、わが家のある通りからそう遠くない場所に展開しているらしい。その通りをさらに行くと、ほかでもなくクレムリンの城塞に行きあたる。現に、保守派に命じられた兵士四千人、歩兵戦闘車二百七十九両、戦車三百六十二両によってモスクワは占拠された。そんな状況だったにもかかわらず、翌日にはわたしと母も自宅に戻った。

モスクワに帰った直後のことで、とりわけ鮮烈に記憶に刻まれた光景がある。母が家の庭のベンチに座って泣いていたのだ。涙の理由を知らなかったわたしは、ベールイ・ドームから戻らない父が気がかりなのだろうと思っていた。のちに、その日、クーデターへの抗議デモに参加していた三人の若者が、モスクワの中心部で歩兵戦闘車の下敷きとなって死んだことを知った。母は、その報《しら》せに涙を堪《こら》えきれなかったのだった。これは母にとってみれば、歴史を変える重要なできごとにおいて、あまりに頻繁に犠牲となるのが一般の市民であり、ときには命すら落とすこともあるという明白な事例だった。このときから、「市民の犠牲を許してはならない」という信念は、彼女のジャーナリスト人生を貫くレッドライン、越えてはならない一線となる。

最悪の事態に直面した場合、いかに行動すべきなのかを初めて母から教わったのも、このときだった。

母は、父の言動によって、自身まで拘束されることになるかもしれないと、わたしに告げた。そして自宅のアパートメントに用意した隠れ場所を示し、もし母が捕らえられて連行されるようなことがあったら、どうすればいいか説明した。

わたしが生まれて初めてピストルを見たのは、このときだった。隠れる場所を示す母の態度は冷徹で迷いがなく、その場の感情に流されて身を危険にさらすようなことはいっさいなかった。「もしだれかがわたしを捜しにきたら、余計なことは考えずにここに隠れて、そのまま何時間か待ちなさい。何も物音がしなくなってから外に出ること。ピストルを持って、トロリーバスの路線沿いにおばあちゃんの家まで向かうのよ。きょろきょろしたり、ふり返ったりしてはダメ」。さいわい、このときはそんな事態にならずにすんだ。

九月になって新学期が始まると、わたしのクラスはふたつのグループに分かれた。クーデターに対して批判的だった父の姿勢を理由にわたしと口を利かなくなった子と、少数ではあるものの、わたしの味方をしてくれた子だ。当初、わたしはその状況にひどく困惑した。けれども両親が、ほとんどの子たちは起こっていることをほんとうの意味で理解することはできず、それぞれの家庭で耳にしたことをそのまま口にしているだけなのだと教えてくれた。

アンナとアレクサンドル。1990年代、モスクワの友人宅にて。

一九九一年八月のクーデターに続いてソ連が崩壊し、ロシアが独立した。そして一九九三年には十月政変が起き、改革を進めるエリツィン大統領とその改革の支持者が、改革に反対する議会派と衝突して悲劇の再来となった。議会派が立てこもっていたベールイ・ドームに治安当局が戦車から発砲したのだ。公式の発表では、百五十八人が死亡したとされている。

わたしの両親はふたりとも、ソ連の崩壊以前から反体制派で、共産党政権には、つねに厳しい目を向けていた。家では、ソビエト連邦内での暮らしの細ごまとした例をいくつも挙げては、皮肉たっぷりにジョークを言っていたし、わたしや兄の前でも、「党の政治」に対する自分たちの意見を隠そうとはしなかった。ただし、当時、父がいかなる危険を冒していたのか、そして、のちに母がいかなる危険を冒すことになったのか、わたしも兄も長いあいだしっかりと自覚できていなかったことは認めねばなるまい。わが家では、いうなれば「いつもどおり」の生活が送られていて、外の世界に怯えることもなく、家族といっしょに心地よい日々を送っていた。

第四章

プーチンの王国

一九九四年、ロシア連邦大統領、ボリス・エリツィンがチェチェンでの武力行使を開始した。この戦争は、一九九六年、同地からロシア軍が撤退したことによって一応の終結をみたものの、チェチェンのロシア連邦からの独立問題は、事実上、未解決のまま残されることとなった。

一九九九年には第二次チェチェン戦争が勃発するが、その少し前からエリツィン大統領の健康状態が不安視されていた。彼が公の場に姿をあらわすたびに、政治的発言とは無関係の議論が巻きおこった。だれもが大統領にはまだ国を治める力があるのだろうかと疑問に思っていたのだ。その年、政権内の得体の知れない人物、ウラジーミル・プーチンが首相に任命される。十二月三十一日にエリツィン大統領が辞任を表明すると、プーチンは大統領代行を務めた。そして、翌二〇〇〇年三月の大統領選挙に立候補し、共産党の候補者ゲンナージー・ジュガーノフらを破って当選を果たす。

このように書くと、さながら背後に第二のクーデターが存在したかのようだが、実際に起こったことは、これ以上でもこれ以下でもなかった。全権力がひとりの人間の手中に収められ、現在もなお、実質的にロシアを支配しつづけている。

プーチンは「元チェキスト」だ。ロシアでは、かつてKGB〔ソ連国家保安委員会〕で働いていた人物のことをこのように呼ぶ。チェキストという呼称は、一九一七年にウラジーミル・

レーニンが設立した秘密警察である悪名高き治安組織、「非常委員会」の通称「チェーカー」に由来している。とはいえ、実際には元チェキストなど存在しえないことを、ロシア国民であればほぼだれもが知っている。

大統領に選出されると、プーチンはチェチェンでの戦争を継続した。その後、二〇〇八年に側近のドミートリー・メドヴェージェフが大統領となり、プーチンが首相を務めた。この時期は、いわゆる「キャスリング〔チェスで、キングとルークを入れ替えて守りを固める特殊な指し手〕」の期間(二〇〇八~二〇一二年)で、この間に、ロシアはジョージアに対して戦争を仕掛けた。攻撃の名目は、一部の国境地帯(自称国家であるアブハジア共和国と南オセチア共和国)における「平和活動」というものだった。プーチンが大統領の座にかえり咲いたあとの二〇一四年にはクリミアを占領、その後併合し、ついには二〇二二年のウクライナ侵攻に至る。

二〇二〇年、プーチンは「憲法改正」と称する一連の手続きにより自らの権力を強化したが、その内実は、とうてい「改正」と呼べるようなものではなかった。ロシア連邦の基本法である憲法の変更によって、現職の大統領にさらなる広範な権力が付与されたのみならず、なにより、それまでの国家元首の在任期間がリセットされたのである(当初、大統領職は一期四年、連続二期までだったが、二〇〇八年の憲法改正によって、二〇一二年からの任期は一期六年、連続二期までとなっていた)。その結果、プーチンは、新たに大統領職に連続二期(五期目も六期目も)、つまり二〇二四年も二〇三〇年も立候補できることになったのだ。言い換えると、二〇三六年までロシアの指導者に居座れるということだ。とんでもない状況だというのに、二〇二〇年当時、この変更に反対した人はごくわずかだった。

欧米でもっとも名の知られたプーチンの敵は、アレクセイ・ナワリヌイだろう。完全にはリベラルといえない思想をもつブロガーで、何年も前から権力の中枢にいる者たちの汚職を告発している。ナワリヌイが二〇一一年に設立した〈反汚職基金〉は、ロシアで唯一の、この手の調査をおこなう団体だ。彼が大量に公表した調査内容のうちのいくつかは、べつの国であれば政治家がこぞって辞職しかねないほどのインパクトをもつものだが、ロシアでは、そうはならない。

二〇二〇年八月二十日、ナワリヌイと広報担当のキラ・ヤルミシュ、補佐のイリヤー・パホモフは、トムスクからモスクワへ向かうS7《エスセブン》航空の旅客機に搭乗していた。目的地へと向かう機内で深刻な体調不良を訴えたナワリヌイは、そのまま意識を失った。同機はオムスク空港に緊急着陸し、彼はいったんオムスク市立第一病院中毒センターの集中治療室に収容された。その後、ドイツのアンゲラ・メルケル首相とフランスのエマニュエル・マクロン大統領が介在し、ベルリンの病院へと移送された。移送後ほどなく、ドイツ政府は多くの人の推測が正しかったことを認めた。すなわち、ナワリヌイは、過去にもクレムリン〔連邦政府当局」と敵対した政治家に対して使用されたことのある神経剤、ノビチョクを摂取させられていたのだ。

ナワリヌイは、ある意味、ロシアにおける反体制派のシンボル的な存在となった。政治的アジェンダが不明瞭で、過去には外国人嫌悪《ゼノフォビア》や人種差別主義を思わせる言動があったにもかかわらず、欧米で殉教者扱いされたのだ。快復すると、彼は自ら祖国に戻ることを選び、世界を驚かせた。国に戻れば、収監され、詐欺罪および横領罪で裁かれることになる。いずれの起訴内容も、彼を完全なる政治犯に仕立てあげるための口実でしかないというのに。

ナワリヌイがなぜそのような選択をしたのか、ロシアに戻ることによって何を得ようとしたのか、わたしにはいまだに謎だ。帰れば投獄され、しかも長期にわたって収監されることは明らかだったはずだ。わたしは、彼ほどの人物なら、自由の身でさえあれば、たとえ国外からでもロシアの未来に多大な貢献ができると信じている。だが、塀の中にいては何もできない。彼はいま、モスクワから約二五〇キロ離れたメレホヴォの強制収容所に収監されている。ほかに少なくとも四件の刑事手続が進行中で、刑期が延長される確率は高い〔二〇二三年八月、新たに十九年の懲役が科された〕。所内では、雑居房よりも懲罰房に収監されている時間のほうが長いらしい。

ナワリヌイ自身が明らかにしたように、懲罰房というのは、「幅二・五メートル、奥行き三メートルの、コンクリート製の野犬収容所みたいな場所で、たいてい寒くて耐えがたいほどじめじめしている。床には水が溜まり、通気性が悪く、ベッドは壁に固定されている。朝五時になるとマットレスと枕が没収され、金属フレームが折りたたまれて壁に収納される。そして、夜九時にふたたびフレームがひろげられ、マットレスが返却される。日中は、鉄製の小さな机と長椅子、それに洗面台を使用でき、床には穴が開けられている」。

こうした扱いは、監獄内で服役囚の心を蝕《むしば》むための試みとしか思えないし、その試みは成功していると言えるだろう。二〇二一年の一月から二月にかけて、ロシア国内の二百近くの都市で、ナワリヌイの支援、および汚職と政治的迫害に対する抗議活動がおこなわれた。これにより、一万一千人以上が逮捕され、九千件以上の行政手続と約九十件の刑事手続が実施された。モスクワだけでも、そのわずか数十日で、過去十五年の三倍にのぼる人数が逮捕されたのだ。デモの最中には、百五十人以上のジャーナリストと数百人の通行人まで拘束された。警察署や特別拘置所では、拘禁者に対して、暴行、拷問、脅迫といった非人道的な処遇がみられたケースが無数にあったと、人権活動家たちは指摘している。

ロシアで収監されている政治犯は、アレクセイ・ナワリヌイだけではない。その数は数百人にものぼり、リストは長くなるいっぽうだ。一例をあげるなら、政治家でありジャーナリストでもあるウラジーミル・カラ＝ムルザ、野党指導者のイリヤー・ヤシン、〈ロシア開放財団〉の元リーダー、アンドレイ・ピヴォヴァーロフだが、ほかにも多くの人が、いま現在、身柄を拘束されている。それがどのような状況を意味するのかを理解するには、二〇二二年九月に逮捕された、詩人であり市民活動家の若者、アルチョム・カマルディンの一件を思い出してもらえば十分だろう。警官に殴られ、ダンベルで肛門に暴行を受けた彼の罪状は、モスクワの中心地にある広場で、政治的な内容の詩を朗読したことだった。

第五章　報道と検閲

わたしは、〈オプシェーストヴェンノエ・テレヴィージェニエ・ロシーイ〉というテレビ局で働いていた。民放の一局だが、「ロシア公共テレビ」とでも訳せるだろうか。二〇一三年三月の設立当初から、二〇二二年三月まで、同局の「プラウ！ダ？」の放送作家を務めていた。

チーフディレクターのアナトーリー・ルイセンコは、ソ連時代にも、またロシアにおいても、著名なテレビ業界人であったと同時に、ジャーナリスト、映画監督、プロデューサーなど多方面で活躍し、二〇二一年に亡くなった。この番組名にはふたつの意味が込められている。ロシア語で「プラウダ」は「真実」を意味する言葉だが、「プラウ」だけだと「わたしの意見は筋が通っている、正しい」となり、続く「ダー」は、「イエス」という意味だ。よく練られた言葉遊びといえるだろう。

わたしのテレビジャーナリズムに対する情熱は、父から譲り受けたものにちがいない。ただし、わたしの場合、キャスターをしたことはない。あくまでも裏方として、放送の企画やスタジオを訪れるゲストの対応、番組の制作などを担当していた。

現場で働くことは好きだったし、大きなやりがいも感じていた。当時のロシアには、同局ほど自由かつオープンに政治や社会の問題に切りこめる放送局がほかになかったというのも理由のひとつだ。ようするに、そこで働いていれば、ジャーナリストの名に恥じない仕事をすることができた。番組の進行は、同僚たちと話しあいながら、次のような形で進めていった。まずメインとなるテーマを選び、それについて異なる意見をもつ複数のゲストを招待する。そしてだれかひとりが有利にならないよう、それぞれにおなじだけの発言時間を与える。ゲストには、地方議員や下院議員（基本的には政権を支持している）もいれば、反対派のグループの代表もいた。こうした方針のおかげで、検閲の介入を防げたし、偏っているという批判を免れることもできた。

興味深かったのは、ゲストとして招かれた議員や親政権派の専門家は、往々にして、いざ討論となると論戦相手よりもはるかに説得力に乏しかったことだ。わたしたちはよく副調整室で冗談を言いあったものだ。親政権派のコメンテーターはなぜか、たいていどこか時代錯誤的だし、論理が短絡的だし、聖職者のような話し方をするから退屈で興味が湧かない。いっぽうの討論相手はといえば、明敏で、論題に関して深い知識をもっているし、前向きな態度で議論に臨むだけでなく、問題を解決するための具体的アイデアをもち、自分のテレビ映りばかりを気にかけてはいない。視聴者は、そうしたことをしっかり見抜いていた。

同番組では、ロシアのほかの放送局ではけっして聞けないような話を視聴者に伝えることができた。ほかの番組ともっとも大きく異なる点は、わたしたちの番組では、ロシア国内の問題、とりわけ地方の問題をとりあげていたということだ。大多数のメディアは、こうした問題に言及さえしなかった。そのいっぽうで、ほかでもなくこの番組制作の方針のために、ときおり論争が巻きおこったり、不愉快な誹謗中傷を受けたりすることもあった。

一例を挙げるならば、パンデミック禍において、新型コロナウイルス以外の患者の治療の遅れを告発する特集を放送したことがあった。コンスタンチン・マルコフという名の、ペンザ州に住む勇気ある麻酔科医が番組に出演し、その地域で唯一の広域病院に勤めているが、新型コロナウイルスの対策のためにすべての病棟が閉鎖されたため、多くの患者がなんの治療も受けられずに命を落としていったと証言してくれた。陣痛に苦しむ妊婦のケアも、緊急の手術も、事故の負傷者の手当てもできなかったという。それだけでなく、病院が財政難に陥ったため、医師たちは感染対策に必要な医薬品や物品を自腹で購入しなくてはならなかった。

番組放映後、信じられないほどの大論争が巻きおこり、騒ぎはたちまちロシア連邦保健省の上層部にも知られることとなった。その後しばらくして、緊急措置が緩和されると、当該の病院は通常の機能をとり戻したことをわたしたちは知らされた。そのあいだ、ロシアの主要なテレビ局はというと、国際問題、つまりは「外敵」に注意を傾けていた。

ところが、同番組のチーフディレクター、アナトーリー・ルイセンコが死去すると、たちまち風向きが変化した。彼の後任者は、著名ジャーナリストのレオニード・ムレーチンを「プラウ！ダ？」の制作責任者として指名した。おそらくムレーチンは、わたしたちがつくりあげた形式を彼なりに改良したかったのだろうが、失敗に終わった。彼の指揮下となってから、センシティブではあるが重要な意味をもつ論題は徐々に少なくなり、それまで何シーズンもかけて築きあげた番組の人気は失われていった。そうなると、番組の打ち切りも時間の問題だろうと思われ、やがて予想どおりの結末となったのだ。

第六章

母なら「戦争」と呼んだだろう

二〇二二年二月二十四日の早朝、兄のイリヤーから短いメッセージが届いた。「始まったぞ」。わたしは娘を起こして学校へ行かせようとしていたものの、親子ともども恐怖にかられ、頭のなかはウクライナから届くニュースでいっぱいになった。ロシアがキーウ〔当時はロシア語読みでキエフと表記されていた〕を爆撃していたのだ。

この攻撃が始まった当初、モスクワには現実離れした空気が漂っていた。だれもがふだんどおりの活動を続けていたし、街は二十四時間ひらかれていて、移動にもいっさい規制がなかった。人びとは麻酔にかけられたかのようだった。その数日間、わたしが話した人たちはだれしも、すべてが変わってしまい、もう過去には戻れないのだということを信じようとしなかった。いっぽう、ロシアの各都市では、活動家たちが街頭に出て抗議のデモを始めていた。

戦争反対の意見を表明することは容易ではなかった。というのも、クレムリンにしてみれば、戦争なんて起こっておらず、ロシア軍は、まともに戦うに値しない敵を相手に、いってみれば外科手術のような特別軍事作戦を展開しているにすぎないのだ。ロシア連邦刑法第三五三条の規定によれば、侵略戦争の計画、用意、扇動は、七年から十五年の自由の剥奪（第一項）、侵略戦争の開始は、十年から二十年の自由の剥奪（第二項）で罰せられることになっている。およそ二十年におよぶ入念な下準備の結果、プロパガンダ機関は、現在起こっているとをロシア国民に「正しい形で」理解させるには、どのように動き、どのような表現を用い、そして、どこからロシアの家庭に入りこめばいいかを知り尽くしていた。モスクワやサンクトペテルブルクといった大都市に、政権のプロパガンダを信じない人が多少いたとしても、かまわなかった。果てしなくひろがる地方では、唯一の情報源が政府系チャンネルなのだから、そこで戦争なんて起こっていないと言えば、戦争は起こっていないのだ。

親政権派のキャスターたちは、毎晩、欧米の「虚偽報道」やウクライナ側の「嘘」についての長い討論をたれ流した。いずれの番組でも、ウクライナ政府の圧政に苦しむ市民に救いの手を差しのべる「善良なロシア兵」の映像がくり返し映しだされた。そこではレイプも拷問もおこなわれておらず、民間人の死者もなく、略奪も起きていない。ブチャでのできごと――キーウ近郊の都市ブチャでは、占領していたロシア軍が撤退したあと、多数の遺体が路上に放置され、共同墓地には数百人の遺体が埋められていた――は、ウクライナ側のプロパガンダによる捏造《ねつぞう》とされ、マリウポリの病院の産婦人科で奇跡的に死を免れたマリアンナという名の女性は、「金で雇われて演技をした女優であり、妊娠すらしていない」と侮辱されたのだ。

戦争への反対意見を表明する権利をもつ人は、ロシアにはいない。それでも人びとは少人数のグループで街頭に出て、互いに距離を保ちながら、平和のシンボルや「戦争反対」の文字が書かれたプラカードを掲げた。自然発生的に生まれたこの運動は、ロシア全土で数万人の人を巻きこんだ。ロシアの人権擁護団体〈ＯＶＤインフォ〉の調べによると、二〇二二年の二月二十四日から十一月二十七日までのあいだに、約二万人のロシア人が平和的なデモをおこなって拘束された。もちろんこの数字は、その後数か月にわたって増えつづけたし、この紛争が終わらないかぎり増えつづけるだろう。

わたしは、女性として、そしてジャーナリストとして、深い苦悩を覚えていた。状況は日を追うごとに悪化し、自らの意見を表明したばかりに、検挙されたり逃げることを余儀なくされたりした人たちの話を連日のように耳にした。わたしの心はデモ参加者とともにあり、私自身もデモに加わりたかったが、それはできなかった。この十年のあいだに、市民からデモをおこなう権利を事実上剝奪する法律が公布されていたからだ。

欧米には、ロシア人はなぜ当局のすることをすべておとなしく受けいれるのか理解できないという人が大勢いる。ロシア市民は、抗議もしなければ街頭デモもおこなわない。国民の大半が、貧困状態を生きのびるので精いっぱいなうえ、ストライキやデモに参加した者に対する罰則があまりに重くなったため、危険を冒そうという人がわずかしかいないのだ。ヨーロッパでは、平和的な「抗議活動」を終えたあと、それぞれが安心して帰宅の途につくことができる。ところがロシアでは、デモ参加者の大半が警察署に連行されることになる。「単なる」罰金（いずれにしても高額な）で許されることはほとんどなく、十五日間拘禁される。それだけではすまされず、刑事裁判にかけられる可能性も少なからずあるのだ。

わたしは、母親である以上、娘の生活を困難にする権利はないと考えている。母親なしで生きていくには娘はまだ若すぎる。わたしにとって、娘のアンナはすべてに優先される。これは二〇〇七年三月にアンナが生まれて以来、変わらない。もしも娘がいなかったら、わたしは異なった行動をとっていたかもしれない。少なくとも自分の運命を必要以上に案ずることはなかっただろう。

当局による弾圧にもかかわらず、プラカード活動はやまなかった。それどころか、現行の法規をかいくぐるために、戦術に磨きがかけられた。それまでは「戦争反対」と書いていたプラカードを白紙にするか、あるいはプラカード自体を持たなくなったのだ。大勢の人が、実際には何も持たずに、あたかも手に何かを持っているような身振りで街頭に立った。それでもなお、まるで何かの法律に違反したかのように逮捕されてしまうのだ。いったいどんな法律に違反しているというのだろうか。

プラカード活動に参加した人たち（女性もかなりの割合を占めていた）に対する起訴状には、「軍の信用を失墜させた」とか、「フェイクニュースを拡散した」などと記されていた。さいわいなことに、なかには罰金だけですんだ人もいる。学生のドミートリー・レズニコフは

「*** *****!」とアスタリスクだけを記したプラカードを掲げたために、五万ルーブル〔過去の平均的な為替レートでは、日本円にしておよそ九万円〕の罰金を科せられた。また、二〇二二年三月十三日、НЕТ ВОЙНЕ《ニェット・ヴォイニェ》すなわち「戦争反対」の代わりに、ДВА СЛОВА《ドゥヴァ・スローヴァ》、すなわち「ふたつの単語」と書いたプラカードを手にしていたマリーナ・ドミトリエワは、二万ルーブルの罰金を科せられた。〈OVDインフォ〉によると、ウクライナへの侵攻が始まってからというもの、ロシア国民に科せられた罰金の総額は、二億五千万ルーブルを超えたそうだ。罰金にとどまらず、再犯者には最長三年の懲役が科せられる可能性もある。

率直なところ、戦争が始まってからというもの、いつかだれかがテレビで世のなかをあっと言わせる行動に出るのではないかと思っていた。とはいえ、まさかロシア最有力の政府系テレビ局である〈第1チャンネル〉で、それを目撃することになるとは思っていなかった。三月十四日、政府が次つぎとテレビ局や新聞を閉鎖し、反対派のウェブサイトへのアクセスを遮断していくなか、オデーサ出身で同局に長年勤めていた四十四歳の女性ジャーナリスト、マリーナ・オフシャンニコワが、夜のニュースの生放送中にこんなメッセージを書いた大きな紙を掲げたのだった。「戦争をやめて。プロパガンダを信じないで。あなた方はだまされている。戦争に反対するロシア人より」。彼女は言葉を区切りながら「戦争をやめよう!

戦争反対！」と何度か口にした。

オフシャンニコワはその場でとり押さえられ、その後の数時間、行方がわからなくなっていた。どこにいるのか知っている者はだれもいなかった。最終的に三万ルーブルの罰金の支払いを命じられた裁判のあとで、オフシャンニコワ自身が明かした話によると、十四時間以上、ぶっつづけで尋問され、そのあいだ眠ることも、弁護士を呼ぶことも、親族に電話をすることも許されなかったそうだ。べつに驚くほどのことでもない。現在のロシアの警察ではほぼ日常茶飯事の光景なのだから。

オフシャンニコワが〈第1チャンネル〉を解雇された数日後、SNS上ではべつの動画が拡散された。それは、ウクライナで横行している犯罪行為を告発するものだった。「責任はすべてプーチンにある。ロシアは侵略国だ。わたしはクレムリンのプロパガンダのために働いてきたことが恥ずかしい」。オフシャンニコワはそう話したあと、次のようにつけ加えた。「みなさん、恐れずに街頭へ出てデモをしましょう。いくらロシア当局でも、わたしたち全員を刑務所に入れることなど不可能なのですから」。そんな単純な話だったらどれほどいいか。「彼ら」は、自分たちに反対し、抗議するすべての人を逮捕できるし、事実上、フルタイムでその作業に集中している「超人労働者」なのだ。

二〇二二年九月二十四日、戦争勃発から七か月が経過した頃、活動家のアリーサ・クリメンチエワが、広場の敷石の上に青いチョークで「НЕТ В＊＊＊Е」と書いた。これを受けいれがたい侮辱だとして、警察は彼女を逮捕した。裁判所へ連行されたクリメンチエワは、裁判官の前で、自分が書いた言葉は「НЕТ ВОЙНЕ《ニェット・ヴォイニェ》（戦争反対）」ではなく、「НЕТ ВОБЛЕ《ニェット・ヴォブレ》（ヴォブラ〔ロシアで珍味とされる魚〕反対）」だと説明した。おなじ文字数で、おなじ頭文字、しかも文法上の格までおなじ与格だが、完全にべつの言葉だ。裁判官は驚いて彼女を見返した。いったいどういう意味だ、と言わんばかりの表情で。クリメンチエワは次のような説明をした。自分がおこなったのは、乱暴で無制限な釣りのしかたに対する、動物愛護家としての抗議活動だった。この季節になると、人びとは釣りたいだけヴォブラを釣りあげ、殺してしまう。彼女の言い分を受けいれた裁判官は、当局の訴えを退けた。これは非常に興味深い事例だ。稀《まれ》というより、おそらく唯一無二だろう。彼女の行為はロシア軍に対する名誉棄損などではなく、動物愛護家としての通常の活動だったと認められたのだから。

　アリーサ・クリメンチエワの事件は、ほかに類を見ない例ではあるものの、ネット上で拡散し、非常に多くの市民に勇気を与えた。このようにすれば政府の理不尽な要求をかわし、自分たちの意見を自由に表明できるのだという可能性を示すものだったからだ。こうして、SNSで文字どおりのムーブメントが生まれる。〈フコンタクテ〉（VK《ヴェーカー》と略されるロシアのソーシャルメディア・プラットフォーム。政府が密接に関与しているものの、国内でもっとも普及したSNSのひとつ）のユーザーたちが、このヴォブラを、国の弾圧がいかに不条理であるかを示すミーム（ネット上で次つぎと拡散されていくフレーズや画像などのこと）として使いはじめたのだ。そして、著名なロシア人アーティストでコメディアン（現在はイスラエル在住）のセミョーン・スレパコフが、クリメンチエワの事件を歌にすると、それが瞬く間に拡散した。こんな歌詞だ。「このヴォブラから、地球上のすべての悪が生まれる。家族が離散し、無辜《むこ》の子らが苦しむ。兄弟姉妹よ、ともに叫ぼう。『ヴォブラ反対、ヴォブラ反対、毒のあるヴォブラは要《い》らない』。この魚は強靱《きょうじん》な顎《あご》ももっている。臆病者たちを喰らい、その集団を弱体化させる。つまり、国を破滅に追いこむのさ」。ソーシャルメディアのユーザーたちは、この歌に、「戦争反対、くそったれ、ヴォブラには反対だ！」といったコメントを添えて、続けざまに投稿している。

少々のセンスと発想、そして勇気によって、風穴が開けられたのだ。しかしながら、その後、治安当局は、裁判官の決定を不服とし、控訴した。裁判所は提出されたすべての証拠を考慮しておらず、クリメンチエワは、その言動によってロシア連邦軍の名誉を棄損したと主張したのだ。その結果、チュメニ地区裁判所の判決は控訴裁判所によって覆され、クリメンチエワは有罪の判決を下されて、三万ルーブルの罰金の支払いを命じられた。

民主主義は高くつく。街頭に出てデモをおこなうよりも、家にいたほうがいいと市民を

「説得」するため、政府はことあるごとに、警察官の時間外手当や、デモ鎮圧に用いたパトカーや装甲車の燃料代といった、治安維持のための費用をデモ参加者たちに負担させるべきだと言い張ってきた。それだけにとどまらず、モスクワの地下鉄やタクシー会社といった地域の交通機関も、デモ参加者を相手どって訴訟を起こしている。信じられないことに、こうした訴訟や損害賠償請求の大多数が各地の裁判所の裁判官によって受理され、その結果、市民は莫大な金額を支払わされることになった。なかには、百万ルーブルに達したケースもある。

わたしの国においては、自由は少数の人にしか許されない贅沢品《ぜいたくひん》なのだ。

第七章　貧しき者たちの戦争

プーチンが部分的動員令を発令するまで、ウクライナに派遣されるのはおもにロシアの広大な辺境地域から集められた若者で、大都市出身者はあまりいなかった。年若い青年たちが、最低限の訓練を受けただけで最前線へと送られていった。事実上の「肉弾」だ。

そうして殺された兵士のひとり、ダヴィド・アルチュニャンは、まだ十九歳にもなっていなかった。ドンバス地方で爆弾の破片に当たって命を落としたのだ。彼に代表されるいわゆる「プーチン世代」の若者たちは、経験も未熟で、現在ウクライナで起こっているような大規模な紛争に対峙するのには適していない。とはいえ、ロシアはつねに争いの絶えない国であったことは、さほど歴史を遡らずとも明らかだろう。ロシアの二十世紀は、何千万もの人びとが命を落とし、ひとつの世代が丸ごといなくなってしまうほどの悲劇が続いた時代だ。ロシア帝国、ついでソビエト連邦となったものの、その責任を負うべきはつねに国を治める側だった。

新米のロシア兵のなかには、徴兵部隊から派遣された者もいる。彼らは軍隊の基礎知識をいくらか学び、古参兵の横暴に耐える術《すべ》をかろうじて身につけただけだ。だが、「特別軍事作戦」の開始当初は、徴集兵も最前線へと送りこまれていた。このことは当局も認めている。キーウやマリウポリ、ハルキウ近郊で戦闘に送りこまれたそのほか大勢の兵士たちは、書類上は「職業軍人」〔軍学校を卒業して軍務に就いた者〕という位置づけになっているが、実態は、一年間の兵役のあいだに、あるいは除隊となる直前に、軍に残る同意書に署名するよう説得されたにすぎない。彼らですら、戦闘――クレムリンは、この数か月というもの、これを「戦争」ではなく、「特別軍事作戦」であると主張しつづけている――に従事する部隊に送りこまれる前に、特別な訓練を受けることはなかった。

ダヴィド・アルチュニャンは、仲間の救助に向かうために装甲車を走らせていたとき、その装甲車が爆破された。彼は、バイカル湖の南に位置し、モンゴルとの国境からそう遠くないブリヤート共和国のキャフタという町の出身だった。イリヤー・クービクもまだ十八歳で、シベリアのブラーツク出身だった。戦死者のリストには、ペルミ地方出身の十九歳、アナトーリー・トルスノフや、同い年でマグニトゴルスク出身のアレクセイ・クズミン、ダヴィドとおなじブリヤート出身だったアレクセイ・マルティーノフらも名を連ねている。遺体となって自宅に戻る者たちが増えるにつれ、何十、何百という名前が明らかになるが、親は世間に恥じない葬儀をあげてやることぐらいしかできないのだ。

こうした若者たちは、ゴルバチョフが残し、わたしたちが無意識のうちに引き継いだ、民主的で自由なロシアという概念が消えゆく時代に生まれた。プーチンは、一九九九年、首相に任命された当初から、チェチェンの武装勢力に対する軍事作戦を利用し、ロシア人の自尊心と誇りに火をつけることで、当時まだ不安定だった自らの権力を固めていった。「やつらを見つけた場所が便所だったら? 便所にいても殺してやる」。ロシア国民に対して、そう誓ったのだ。その結果、チェチェン共和国の首都、グローズヌイは徹底的に破壊された。

昨今の若者が知っているロシアは、自由が制限された国だ。欧米が批判するように、上から管理された民主主義ともいえるし、現在の政治学の専門家たちが呼ぶように、民主制と独裁制の中間の、「民主独裁制《デモクラトゥーラ》」ともいえる。誇り高く、神に選ばれた、地図上では強国だが、実際のところは未解決の問題が山積し、国民の不満ばかりがくすぶっている国なのだ。

ロシアでは、可能な者は、あたかもペストであるように兵役を避けて通る。ひとたび兵舎に入ったならば、たとえ古参兵によるひどい新人いびりを生きのびたとしても、何が起こるかわからないと知っているからだ。それだけでなく、平時には、乏しい食料と不適切な装備でも生き抜く術を身につけ、「一人前の男」になれるよう、新兵が人跡まれな地域に送りこまれることはよく知られている。数千億ユーロ〔日本円にして数十兆円規模〕相当を費やして大々的に実施された軍隊の近代化は、その大半が表面的なものにとどまり、巨額の資金がいったいどこへ消えたのかもわからない。

このように、当初ウクライナで戦っていたのは、おもにロシアの辺境から集められた貧しい若者たちだったが、いまや状況は異なったものとなっている。「特別軍事作戦」に、想定を大幅に上回る数の兵士が必要とされるため、いかなる手段を用いてでも人員を増やさなくてはならなくなったのだ。将校たちは、未経験の若者などほとんど役に立たないことを知っている。というより、徴集兵は戦闘地に送りこむべきではない。しかしながら、もはやクレムリンでさえ——作戦が実施されている最中であるというのに——確かにミスがあったと認めざるをえない事態に陥っているのだ。いまでは、二大都市(モスクワとサンクトペテルブルク)の若者にまで招集がかかり、人びとはなんとかして徴兵を逃れようと躍起になっている。

二〇二二年九月二十一日に発令された部分的動員令は、ロシアの家庭内に戦争をもたらす結果となり、多くの人たちが、ウクライナ侵攻から七か月目にして突如、紛争はどこか遠い場所のできごとなのではなく、いま、この場で起こっているのだと理解した。当局筋によると、一回目の動員では予備役三十一万八千人が招集されたのだから、いつ自分の息子や兄弟、父親、夫に招集令状が届いてもおかしくない。

部分的動員が終了すると、毎年おこなわれる新兵の募集が始まり、街なかでは、動員令の発令中とおなじように、徴兵年齢の若者が呼び止められるようになった。いまや新規の入隊者を募るため、ショッピングセンターや若者の集まる場所には金曜の夜などに警官隊が張りこみ、若者をだれかれかまわず呼び止めては招集葉書を手渡す。そして、そのまま軍の施設に連れていくのだ。そうやって集められた若者たちは、兵役が終了するまで自宅に戻れない。こうした強引な手法で十二万人が入隊させられたと推計される。そのうちの何割かが、いや、ひょっとすると全員が、最前線に送りこまれた可能性も否定できない。わたしの知り合いには、息子が外出しなくなったという人たちが大勢いる。大学や仕事へ行くときは、できるかぎり車やタクシーを利用し、幹線道路や地下鉄、渋滞や交差点を避けていると言っていた。新時代の透明人間といったところだ。

ロシア人の若者のみならず、中央アジアからの移民も、ウクライナでの戦闘に向かう。大都市で仕事を見つけられず、高い給料がもらえるだとか、帰還兵として報奨金などの恩典も手にできるといった甘言につられた者たちだ。おそらく、帰化の手続きが迅速になり、喉から手が出るほど欲しがっているロシア国籍のパスポートだって取得できるなどと言いくるめられたのだろう。そうでもないかぎり、ロシアのパスポートは入手不可能なのだ。率直に言って、彼らが生きて前線から帰ることのできる可能性は、かぎりなく低いというのに。

南オセチア（二〇一四年のクリミア同様、二〇〇八年にジョージアから剝奪された地域）出身で、ウクライナの前線から脱走して故郷へ戻った若者は、三百人ほどにのぼる。帰郷したとはいえ、彼らの前途は多難だ。二〇二二年九月、脱走兵および招集に応じなかった者に対し、プーチンは五年から十年の懲役を科す刑法修正案に署名した。さらに、敵に自発的に降伏した兵士には、最長で十年の懲役が科せられる恐れがある。動員令や戒厳令が敷かれている最中に脱走した場合、刑期は十五年に延長される。

戦闘が長期化し、人的損失が増大するなか、当局は週を追うごとに「契約軍人」部隊への募集を増やしていった。ただし、志願兵で組織されている「契約軍人」には出征を強要できない。入隊者には月々三千五百から三千七百ユーロ相当の給料が保障されるというから、じつに魅力的な待遇だといえるだろう。これは「平時」における兵士の基本給のおよそ十倍に相当する(ただし、約束された額が支払われないことも多々ある)。さらに、契約軍人には、望めばいつでも家に帰ることのできる権利が法律で認められていて、契約解除の理由を明記した辞職願さえ提出すればよいことになっている。ところが、現場では司令官が辞表をつき返し、軍に残るよう圧力をかけてくる。今後どうなってもいいのかと脅し、監獄送りとなる可能性さえちらつかせる。実際には軍を辞めたからといって懲役刑が科されるわけではないのだが、大多数の兵士たちはそのことを知らない。

ウクライナの情報機関の推計によると、前線から逃亡したロシア兵は数千人にのぼり、なかには脱走兵の割合が六〇~七〇パーセントに達した部隊もあるという。ロシア国内には、より控えめな数値を示し、戦闘を放棄したのは千人程度だと推計する者もいる。だがクレムリンは、戦死者の数と同様、沈黙を貫いている。

兵士たちが戦うことを拒む理由はさまざまだ。家族のだれかがウクライナにいるという者もいれば、前線に送りこまれて初めて状況を知る者もいる。それに、なんといっても戦場では死が身近に迫り、避けられない場合もあることを痛感させられる。戦死者の家族は、戦友や、ウクライナの〈テレグラム〉〔ロシアやウクライナで普及しているSNS。現在のロシアでは、国外の情報にアクセスする数少ない手段のひとつ〕のチャンネルで身内の訃報を知ったと証言している。あるいは、身内からの連絡が途絶えたために、何かとり返しのつかない事態が起こったとわかる場合もある。いっぽうでロシア軍は、戦闘によって命を奪われた仲間の遺体を戦地に置き去りにする傾向にある。

残念ながら、何千人もの若者がプラスチック袋に詰められて帰還する現状においても——よく知られた「貨物二〇〇便」〔軍の死亡者の運送を示す暗号名〕だ——、国家元首に寄せられた大勢の国民の信頼に亀裂が入っているようには見受けられない。二〇二二年二月二十四日以降、プーチンの支持率はさらに上昇し、公式の統計では八三パーセントにまで達した。親たちは、聖なる祖国のために戦うわが子を誇りに思うべきだと考える。「息子はわたしたちのために死んだのです。勝利を手に入れるまで戦いつづけなくては」。キーウ近郊のホストメリの国際空港をめぐる攻防戦で命を落としたエヴゲーニー軍曹の母親ナターリヤは、〈ドイチェ・ヴェレ〉〔ドイツの国際公共放送〕が差しだしたマイクに向かって、そう気丈に語っていた。

だが、正反対の立場を表明する人もいる。

ヴァレンチナ・メリニコワは、兵士の権利のために活動する二百以上の団体を束ねる〈兵士の母委員会連合〉の中心人物だ。一九九八年以来、こうした団体に所属する女性たちは、徴兵適齢者や兵士、そしてその家族の権利を擁護するための活動を続けてきた。わたしは、第二次チェチェン戦争中の彼女たちの奮闘ぶりをよく憶えている。当時、母のもとにはチェチェンで戦うロシア人兵士の家族から何百通もの手紙が届き、母自身もしばらく連合の活動に協力していた。

同連合は、母親がわが子の遺体を見つけて自宅に連れ帰るための支援もおこなっている。機能していないお役所仕事に翻弄され、遺族たちが右往左往するようすを見ていると、母から聞いた話を思いだす。一九九四年のグローズヌイ包囲の最中、司令官によって回収が禁じられたため、ロシア人兵士の遺体は何日も路上に置き去りにされた。現在、ハルキウにある遺体保冷庫では、何千もの遺体が家族の許《もと》に返還されるのを数か月前から待っている。ことによると家族は、大切な人を亡くしたことをいまだに知らされていないのかもしれない。

先ほども述べたとおり、ウクライナで戦うロシア軍兵士には、ブリヤート出身者が多い。ブリヤートは、シベリア東部にあり、バイカル湖とモンゴルの中間に位置する共和国で、住民の多くはモンゴル系だ。彼らは「プーチンの兵士のなかでも、もっとも残酷」と評されているが、これは事実ではない。この手の「評判」の背景には、ブチャの悲劇がある。何百人もの民間人の遺体が発見されたのち、ネット上に、虐殺の責任はブリヤート出身の兵士たちにあるとするフェイクニュースが拡散したのだ。

いっぽう、ウクライナのヴォロディミル・ゼレンスキー大統領の顧問、オレクシー・アレストヴィチは、ブチャの残虐行為が明らかに「屈強なスラヴ系の若者たち」によってなされたと主張している。

ブリヤート出身の兵士たちの凶暴性を示すさらなる「証拠」とされたのが、二〇二二年夏に起こったできごとだ。ある兵士――実際にはブリヤートではなく、近隣のトゥヴァ出身だった――が、捕虜となったウクライナ兵の男性器を切断し、その残虐行為を撮影してネット上に動画を拡散、SNSで広くシェアしたのだ。

現時点〔二〇二二年末〕では、情報が不足しているため、ロシア兵の死者数を算定することは難しい。暫定的なデータによると、死者数がもっとも多いのは、ロシア南部のクラスノダール地方の出身者だ。二番目に多いのがダゲスタンで、ブリヤートがそれに続く〔日本の報道では順位が異なるが上位三地域は変わらない〕。そのいっぽうで、モスクワ出身者は、ロシアの人口全体の九パーセント近くを占めるにもかかわらず、死者数はごくわずかだ。伝統的に反政府勢力が強いモスクワやサンクトペテルブルクで抗議運動が盛りあがらないのは、住民の犠牲がそれだけ少ないからだろう。モスクワやサンクトペテルブルクの子どもたちは、ブリヤート共和国の首都ウラン・ウデの子どもたちでもなければ、ダゲスタン共和国の首都マハチカラの子どもたちでもない。ウラン・ウデやマハチカラの子どもたちが声をあげたところで、その声はシベリアのステップ〔樹木のない草原〕やカフカスの山々に吸いこまれるだけだ。

第二次世界大戦やアフガニスタン紛争、チェチェン戦争のときと同様、今回も若い世代全体が大きな代償を払うことになるだろう。命はむろんだが、運よくこの戦争から帰還できたとしても、はかりしれない精神的な打撃を受けるだろうし、障害を負い、生計を立てる術を失う兵士も膨大な数にのぼるだろう。

ロシア軍の武器は旧式で、弾薬が不足しているうえ、多くの兵士が軍用靴や防弾チョッキ、救急箱といった装備を自腹で用意しなければならなかった。

軍の部隊に動員された兵士たちは、妻や母親に女性用の衛生用品を送ってもらうように頼んでいる。生理用ナプキンは濡れた靴を乾かす際に、タンポンは銃創をふさぐ際に役に立つからだ。ほかに止血バンドや消毒剤、包帯も便利だ。物資が全員に行きわたることはない。そのくせ、人間の背丈ほどの大きさの黒いプラスチック袋は各人に配布される。

ウクライナが強力な武器を入手し、装備を整え、キーウの反撃がロシア軍司令官の予測を大幅に上回ることが明らかになったいまでは、人的要因が勝敗の重要な決め手となる。ロシア軍は数か月前から甚大な損失を被っている。いくつもの部隊が敵によって全滅させられ、たとえ生き残ったとしても、援軍の到着を見ることはなかった。「俺たちは置き去りにされた」—「司令官は逃げていった。ここには食料も弾薬もない」。SNS上ではこうした戦闘地からのメッセージが次つぎに拡散され、当初からさほど高くなかったロシア軍の士気は衰えるいっぽうだ。多くの者が戦争の目的を理解できず、したがって、自分がなんのために異国の地で命を落とそうとしているのかわからないからだ。それに対して、ウクライナ軍の兵士は、自分たちがなんのために戦っているのかはっきりと理解している。祖国の領土を防衛しているのだ。それゆえ、ウクライナ軍の士気は、ロシア軍のそれとはまったく比べものにならない。

わたしはロシア国民だが、自国で高まりつつある妄信的なナショナリズムにも、似非《えせ》愛国主義にも嫌気がさしている。どこかの国が攻撃を仕掛けられれば、攻撃されて苦境に立たされた側は自国を護らなければならない。わたしは、自国を防衛するウクライナを欧米が積極的に支援しているのは正当だと思う。もしそうしていなければ、この戦争はすでに終わっていただろう。ロシア政府も、攻撃を開始したときには欧米からの支援などないと思いこんでいたのではあるまいか。心の底からの平和主義者であるわたしがこんな発言をするのは、矛盾に思われるかもしれない。確かにわたしは、戦争とそれによってもたらされる種々の影響を憎んでいる。だが、これは避けて通れない矛盾だ。わたしは、無自覚で、軍国化した貧しいロシアではなく、豊かに発展した、自由なロシアをこの目で見届けたいのだ。状況がどのように進展しようと、ロシアがこの戦争に勝利を収められないことはすでに明白だろう。というよりもむしろ、実質的にはすでに敗北している。

チェチェンの問題を調べはじめた当初、母は戦争特派員でもなければ、同地域の専門家でもなかった。そして、母もやはり戦争を憎んでいた。そんな母を戦地へ派遣することに決めたのは、「ノーヴァヤ・ガゼータ」紙の編集長だった。母は著書『チェチェンやめられない戦争』のプロローグで、仕事を引きうけることにした理由を以下のように明確に述べている。

……編集長の発想は単純明快。私がごく一般の市民であるからこそ、同じ一般市民の、つまり戦争に巻き込まれてしまったチェチェンの村や街の人びととの体験をもっともよく理解できよう、というわけだ。

それだけのこと。

一九九九年夏の「バサーエフのダゲスタン侵攻」といわれている事件前後から毎月、私はチェチェンに通っている。それは山あいの村々から大量の難民を流出させ第二次チェチェン戦争の引き金となった事件である。文字どおり、私はチェチェン全土を縦横にくまなく歩き回った。そして、多くの悲しみを眼にしてきた。その最たるものはこの二年半に私が取材してきた人たちの多くが、今はもう死んでしまったということだ。この戦争はそれほどひどいものだ。

まるで中世そのもの。

二十世紀が二十一世紀になろうという時に、しかもここはヨーロッパだというのに。

いろいろな人びとが編集部に電話をかけてきたり、手紙を寄こして何度も同じ質問をする。「どうしてこんなことばかり書いているんです？　どうして私たちを怖がらせるの？　私たちに何の関係があるの？」と。

私は書かなければならないと確信している。理由はただひとつ——私たちが生きている今、この戦争が行われている。そして結局私たちがその責任を負うのだから。その時にこれまでのようなソ連式の答えで逃れることはできない。そこにいなかったから、メンバーじゃなかったから、参加していなかったから……などと。

知っておかなければいけない。真実を知ればみんな、居直りとは無縁になれる。そうすればロシア社会は、ますます速度をまして引き込まれつつある人種差別主義の泥沼から自由になれる。

そして、コーカサス*で誰が何をしているのか、そもそも現在そこで英雄などというものがあり得るのかについての、せっかちで恐ろしい個人的な判断からも自由になれる。

（アンナ・ポリトコフスカヤ『チェチェンやめられない戦争』三浦みどり訳 NHK出版）

＊編集部注：本書ではロシア語読みでカフカスと表記している。

わたしの母は、一部の男性ジャーナリストが戦争報道に携わるときに放出するアドレナリンが好きではなかった。彼女が戦場に赴いたのは、証言し、犠牲者の声を拾いあげ、彼らの苦悩に言葉を与えるためだった。「わたしは詩人のようなもの。全力で生き、目に映るものを書きとめるの」。母はわたしにそう語っていた。

第八章　脱出

ウクライナ侵攻後の一週間は完全な混乱状態で、仕事が手につかなかった。新たな現実に頭がいっぱいで、それ以外のことに集中できなかったのだ。毎朝、すべてが夢でありますようにと願いながら目を覚ます。ところが目の前には、無情にも現実が立ちふさがり、失意のどん底に突き落とされたまま、日々すべきことだけをこなしていた。ニュースを読むのはやめ、次のようなドイツのことわざを心のなかでくり返した。「戦争は戦争として、生活は続いていく」

わたしはひとりで娘を育ててきた。シングルマザーの常として、自由な時間はほとんどない。それゆえ、たとえ自分の国が戦争をしていようとも、家の掃除はしなければならないし、夕飯だってつくって食卓に並べなくてはならない。母親——つまりわたし——は、この困難な事態に直面している思春期の娘を支えなければならないのだ。最初の精神的な打撃をなんとかやりすごしたわたしは、これからどうするべきなのか考えはじめた。

いずれにしても、仕事は辞めざるをえないと思いいたるまでに、それほど時間はかからなかった。日ごとに状況は悪くなるいっぽうで、独立系メディアは次つぎと閉鎖され、反戦の意見を表明する者はだれかれかまわず逮捕された。ウクライナへの侵攻の直後から、ロシアには事実上の軍事検閲が導入された。メディアは政府筋からの情報のみを報じるよう強制され、ウクライナに対するロシアの軍事侵攻を「戦争」と呼ぶことが禁じられただけでなく、「攻撃」と称することすら禁じられた。あくまでも「特別軍事作戦」なのだ。

ジャーナリストに対しては禁じられた「戦争」という表現も、当局が使うぶんには自由らしく、侵攻からしばらくすると、政治家たちは公の場で、「特別軍事作戦」のことを「戦争」と呼ぶようになっていったが、だからといって彼らが罰せられることはなかった。

非公式な情報源からのニュースを報じた場合、はじめのうちは罰金ですんでいたのだが、やがて活動停止処分となり、ついにはテレビやラジオの放送許可、もしくは新聞の発行や販売許可がとり消されるようになった。ウクライナ侵攻後一か月もしないうちに、ロシアでは、軍事作戦に関する「フェイクニュース」を拡散した者に対し、行政責任および刑事責任を問い、最大で十五年の懲役を科す法律が施行された。これにより、ウクライナにおけるロシア軍の行動をＳＮＳや個人のブログで批判した者を何人も逮捕することが可能となった。

わたしは理由をだれにも説明せずに、退職願を出した。わたしたちの計画を限られた人にしか知られたくなかったからだ。計画といっても、実質的には最初のステップしか決まっていなかった。すなわち、できるだけ早くロシアから出国すること。

ちなみに、予測にたがわず、わたしが携わっていた番組は長続きしなかった。局としてはいまでも放送を続けているものの、わたしが担当していた番組は、辞表を提出した数週間後に放送終了となった。

戦争開始によって一般市民が被るさまざまな困難に加え、娘は個人的な事情も抱えていた。知らないうちに彼女まで矢面に立たされていたのだ。娘の名前は、祖母とおなじアンナ・ポリトコフスカヤだ。そのせいで、ほどなく学校で暴力やいじめを受けるようになった。じつを言うと、過去にも同様のことがあった。アンナが体操を習おうと新しい教室を見学に行った際、同年代の子どもたちが、明らかに侮辱的な物言いで、家族の話をしてきたことがあったのだ。だが、二〇二二年二月二十四日以降、そうした配慮に欠ける行為が脅しへと激化していった。

アンナはまだ十五歳。これまではなんの問題もなく、無邪気に生きてきた。彼女が通っていた学校は、世界各国から生徒が集まってくるモスクワの名門校で、選択した学科ではカリキュラムの一部がスペイン語でおこなわれていた。教室での討論では、憲法の条文を引用しながら、法の遵守を訴えるような生徒だった。ソ連的なメンタリティーの持ち主ではないため、ロシアの教育制度のなかではよく思われないこともあったが、このように情勢が変わってくると、それが深刻な問題になりかねない。

ある日、アンナが思いつめた表情で帰宅した。「ママ、今日、クラスでウクライナ情勢についてて話しあったの。わたしはクラスのみんなと意見が合わなかった」。これまで娘には、自身の意見を口にしなくてもいい場合があることを幾度となく教えてきたものの、彼女の性格からして、強い口調で意見を述べたのだろうことは想像に難くなかった。

アンナは、ウクライナにおける「特別軍事作戦」に強く反対していた。そして、ロシアが陥りつつある道徳的な闇に異を唱え、日頃から〈テレグラム〉で目にする画像にコメントしていた（わが家ではみんながしていたことだ）。驚愕《きょうがく》と憤りを感じずに、破壊された町の画像を見ることはできなかった。そうした壊滅をもたらしているのは、ほかでもなくプーチンのロシアなのだ。

学校での状況は悪くなるいっぽうだった。帰宅するたびに、アンナの神経が前日より張りつめていることがわかった。そんなある晩、恐ろしいメッセージがスマホに届いた。もはや我慢の限界だった。わたし自身はこれまでもありとあらゆる経験をしてきたので、心の底から恐怖を感じることなどめったにない。だが、今回は娘が標的にされていた。その後もおなじ学生グループからメッセージが届いたが、そこには娘の命を危険にさらす、紛《まが》いもない脅迫が含まれていた。刑事告訴に足る条件がすべてそろうほど明白なものだった。

「あんたもお祖母《ばあ》ちゃんとおなじ最期を迎えるね」。クラスメイトのアガタがそう予告し、どんな事態が待ちうけているか事細かく書いて送りつけてきたのだ。アンナはひどく怯え、なぜそのような悪意が自分に向けられるのか理解できずにいた。アンナが何か悪いことをしたのだろうか。彼女になんの罪があるというのか。

翌日、わたしは校長に会いに学校へ行った。しかし、校長は三月十八日のクリミア併合記念祭の準備で多忙だったため、クラスを受けもつ教諭たちと話すことになった。そのときわたしはすでに、娘には二度とこの学校の門をくぐらせないと決めていた。というより、ロシア領土内のどの学校にも通わせるつもりはなかった。けれども、せめて教員たちの協力を得て、生徒たちに人生の教訓を伝えたかったのだ。だが、教員たちは娘の身に降りかかった脅迫と暴力を過小評価し、当該の生徒たちにはそうした素行の前歴がないし、どの子も「きちんとした」家柄の子たちだから、何かの誤解にちがいないとわたしを言い含めようとした。いずれにしても、生徒たちと話しあったうえでこの件を解明すると約束した。

わたしは懐疑的だった。ロシアの学校のシステムは嫌というほどわかっていたから、あまり期待はしていなかった。ところが数日後、学校側がその問題と真剣に取り組んでいたことがわかった。校長が、スクールカウンセラーの立ち会いのもと、生徒たちとその両親を呼びだしたのだ。けれども、生徒たちはおろか、その保護者も、だれひとりとしてわたしたちに謝罪しようとはしなかった。ある男子生徒が、長たらしいメッセージをアンナに送ってきたものの、書かれていたのは次のような忠告だった。「ことを荒立てるのは勝手だが、その結果何が起ころうと文句を言うなよ」

前述したとおり、たしかにロシアでは言論の自由は贅沢品で、高い代償を伴う。それは若い世代にとってもおなじことだ。とはいえ、集団による殺害の脅迫は、刑法の特定の条文によって厳しく罰せられることになっている。わたしには告訴するのに十分なだけの証拠があったし、彼らは刑事裁判で自らの行動の責任をとらなければならない年齢に達していた。だが、わたしは争いごとにはもううんざりだった。それに、わたしの国ではまちがった話題に、あるいはまちがった人物にうっかり触れると、告訴する側であった者が、一瞬にして告訴される側にまわるという現実を考慮しないわけにはいかなかった。そうなったら貴重な時間を失うことになる。わたしたちにはべつの計画があり、むだにしている時間はなかった。もはやわたしは確信していた。すべきことはただひとつ、この国を出ること。正直なところ、彼らをぎゃふんと言わせてやりたいという気持ちはいまだに消えていないけれども。

娘が、ごく普通の生徒として学校に通い、学ぶことすらできなくなったその日々、わたしは母が『プーチニズム』に書き遺した言葉を思いだした。

私たちは、政治の冬がロシアにまた数十年居座るのを傍観しているわけにはいかない。私たちは自由でいたい。子どもたちには自由でいてほしいし、孫たちには自由な世界に生まれてほしい。
（アンナ・ポリトコフスカヤ『プーチニズム　報道されないロシアの現実』鍛原多惠子訳　NHK出版）

敵意と恐怖に満ちた空気から、一刻も早く脱出しなければならない。とはいえ、そのときはまだ、どこへ行けばよいのか、どうすれば出国できるのか、何を持っていけばよいのか、よくわからなかった。そして、アンナのためにどんな学校を選べばよいのかも。明日、どんなことがわたしたちを待ちうけているのか想像もつかなかったのだ。母親である以上、いつだって子どもを納得させられる返事と計画をもち合わせていなければならない。ところが、わたしにはそれがなかった。思春期の娘に、すべてを捨てて出ていかなくてはならないなんて、どう伝えればいいのだろう。仮に出ていかなかったとしたら、どんな結果が待ちうけているのか。

兄のイリヤーは、まだ四歳の小さな子がいるにもかかわらず、即座に同意してくれた。このままロシアにとどまったところで、息子の将来はアンナの現状とさほど変わらないと考えたのだ。いずれ国を出るならできるだけ早いほうがいい。成長して、その子なりの計画や、ささやかな暮らし、友人、習慣、慣れ親しんだ場所といったものが確立される前のほうがいい。しかし、さらなる障壁がわたしたちを待ちうけていた。出国を予定していた週に、イリヤーが新型コロナウイルスに感染したのだ。おまけに、彼のパスポートの有効期限が切れていた。結局、兄一家はロシアから出国できなかった。わたしたちの人生が、消しとめられない炎に包まれているような気がした。だが、ぐずぐずしてはいられない。

「ヴェーラ、お前たちは出国するべきだ。僕たちを待っていてはいけない」。イリヤーは、わたしの意見を聞こうともせずに、そう言った。出国を遅らせたせいで、わたしやアンナに危険がおよんだらと思うと、居ても立ってもいられなかったのだろう。わたしたちはとにかく出発しなければ。そして、着いた先がどこであろうと、その地で家族がそろうのを待つのだ。兄のイリヤーと、その妻と息子を。

その数日間、わが家には静寂と大きなカオスが混在していた。人生のすべて、大切なもののすべてを車に詰めこまなくてはならない。ふと、わたしは部屋に放置してあったヴァイオリンのことを思いだした。もう長いこと奏でていない。もし音楽を続けていたとしても、わたしはおなじ状況に陥っていただろうか。種々の考えや疑問が頭をよぎる。国境の外に楽器を持ちだすには特別な許可が要る。その許可を手に入れるためには収入印紙の付いた申請書が必要なうえ、何日も待たされる。そんな時間は、わたしにはなかった。ヴァイオリンは家に置いていかざるをえない。このモスクワのアパートメントにいつ帰ってこられるのか、果たして帰れる日がくるのかどうかもわからないのだから、長く家を空けることを考えて荷造りをしなくてはならない。ヴァイオリンのほかにも、持ちだせそうにないものがたくさんあった。そこで、かさばるものや持ち運びのできないもの、時間が経つと傷みそうなものは、すべて売ろうと心に決めた。すると、ものの見方が変化した。衣類や書類、金銭といった、ほんとうに役に立つものだけに価値を見出すようになったのだ。それと、かさばらないもの。たとえば思い出のように。

ロシアから国外への送金は禁じられていたので、できるだけ多くの現金が必要だった。わたしは銀行へ行き、預金をほぼ全額おろすことにした。将来はまったく見通せない。どれほどの資金が必要になるのか推算することは不可能だった。これまでもけっして容易とはいえない状況に幾度となくひとりで立ち向かってきたが、これほど入り組んだ状況は初めてだった。

二〇二二年四月十七日の日曜の朝八時、ようやく行くあてが見つかり、準備は整った。考えなおす時間も、郷愁に浸っている暇もない。家の扉を閉めたわたしとアンナは、二度とふり返らなかった。車にスーツケースをすべて積み終えると、後部座席には、愛猫バナナを抱いたアンナが座る窮屈なスペースしか残っていなかった。

車の中ではおしゃべりをしたり、ラジオを聴いたりした。耳に入ってくるニュースはとても現実とは思えないようなものばかり。「特別軍事作戦」のようすや、「ロシア軍の偉大なる功績」が伝えられていた。果てしなく思えた十一時間におよぶドライブの末、ようやく国境地帯にたどり着いた。あたりは真っ暗で、わたしもアンナも疲れきっていた。そんな状態ではとうてい国境を越えられそうにない。そこで荷物を車に積んだまま、小さなホテルに泊まることにした。だが、ここはほんとうに安全なのだろうか。わたしは何度も窓から外をのぞいて車があるかどうか確認した。そのあいだも、アンナは穏やかな寝息をたてていた。

翌日、ロシアでの最後の朝、わたしたちは朝食をすませ、十時には国境に到着していた。出国者の列に二時間ほど並べば、ロシアを出て、新たにわたしたちの国となる場所へ、新しいわが家へ向かうことができるはずだった。ところが、安心するのは早かった。わたしたちの番がくると、ひとりの警官から、車から降りて、すべての旅行鞄と身のまわりの所持品を見せるように命じられたのだ。彼は、「なぜこんなにたくさんの荷物を積んでいるんだ?」と尋ね、荷物を一つひとつチェックしようとした。明確な理由がないかぎり、陸路でロシアから出ることはできないと、法律に定められている。理由が妥当なものか否かの判断は、国境警備員の手に委ねられていた。おそらくこれが最後のハードルで、ここを越えさえすれば助かるだろう。わたしは答えた。「娘が国外の学校に通うことになったので、しばらく向こうに滞在する予定なのです」

「つまり、長期的に国を離れると?」

「はい、そうなると思います」

数分が、とてつもなく長く感じられた。そのあいだも、数人の警官がわたしたちのパスポートを手に、車のまわりをせわしなく動きまわっている。すると、いきなりそれを返された。通過が許されたのだった。

目的地に到着するまで、国境からさらに数時間はかかる。けれども、ロシアはもう背後にあった。ついに出国できたのだ。国境から十分に離れたところまで来ると、わたしは車を道路の端に寄せた。降りて周囲を確認し、無事に国境を越えられたことを父と兄に報告しなければならない。車から出ると、わたしと娘は大きく息を吸いこんだ。これまでとは異なる新しい空気だった。そのとき、いくつもの苦労を乗り越えた甲斐《かい》があったとつくづく実感した。

そこからさらに四時間走ったのち、ようやく新しい家のある通りにたどり着いた。いっさい馴染みのない土地だ。もはや言葉を発する気力は残っていなかった。家に入るなり、疲労がどっと押し寄せ、そのまま眠ってしまった。ただし、ひとつだけ鮮明に憶えていることがある。まぶたを閉じる直前、今日の眠りはいつもと異なるものだと感じていたのだ。それは、自由な国での眠りだった。

第九章　約束

わたしは幼い頃から、父か母に、場合によっては家族全員に、しかも複数のところから脅迫が届くような生活を送ってきた。わが家にとってはそれが日常となっていたのだ。わたしも兄も、危険な状況に直面したらどうふるまうべきか把握していた。母が教えてくれたからだ。それが、母なりのわたしたちを護る術だった。

一九九九年、母は新聞社に働き口を見つけ、最期の日を迎えるまでそこに勤めることになる。「ノーヴァヤ・ガゼータ」だ。チェチェン問題が母の人生に入りこんできたのは、九十人ほどの入居者が軍事作戦に巻きこまれたグローズヌイの老人ホームの事件がきっかけだった。「ノーヴァヤ・ガゼータ」紙と協力して、母は入居者たちをロシア国内の別な地域の安全な場所にいったん退避させ、それからさらに移転先を見つける手助けをした。

そのときから、カフカス地方にまつわる一連のできごとと諸問題への取り組みが始まった。避難民キャンプの実状の取材から、チェチェンにおいてロシア軍人が犯した罪の調査まで、じつに多岐にわたり、果てしなかった。当初、母は新聞社から派遣された一介の記者にすぎず、現地で母のことを知る者はひとりもいなかった。ところが、ひとたび署名記事が掲載されはじめるや、母の名は瞬く間に知れわたる。やがて、チェチェンをはじめとするカフカス地方での任務は、本格的な情報収集活動へと変化していった。

チェチェンの検問所を通過するために、ロシア製のＵＡＺオフロード車の後部座席の下に寝かされ、ボロ布や毛布を掛けられた話を母から聞いたこともある。検問所を過ぎてからも、おなじ姿勢で一〇〇キロメートルあまりの走行に耐えたそうだ。そんな状況をくぐり抜けてきた母を想像すると、わたしはいまでも信じられない気持ちになる。そして、そうしたことをほかの人から聞かされると――母から直接聞くときもそうなのだが――だれかべつの人の話を聞いているような気持ちになる。

母がそこまで仕事に打ちこみはじめた頃には、わたしも兄もすでに成長し、手がかからなくなっていた。わたしは、母が冒す危険をほんとうの意味で理解しはじめていたいっぽうで、以前より母の仕事に無関心になっていた。

その頃のわたしは音楽に夢中だった。モスクワ音楽院でヴァイオリンを学んでいて、母が日々向きあっている問題とはかけ離れた世界にいた。母はそのことを喜んでいたように思う。いつも母の手には原稿が、わたしの手には楽譜が握られていた。

とはいえ、ともに暮らす家族として、夜になればいっしょに食卓を囲み、母と兄は仕事、わたしは学業といった具合に、その日にあったことを語りあった。わたしたちの生活はすべて、表面的にはそれなりに平常だった。ところが、あらかじめ決められた日が訪れると、母は荷物をまとめ、新たな任務を果たしにチェチェンへ旅立っていくのだった。

スーツケースの中には、丈の長いスカートや、体のラインが出にくいゆったりとしたワンピースが入っていた。現地の人びとに溶けこめるように目立たないデザインで、染みがついても見えないように暗い色の服ばかり選んでいた。チェチェンでは洗濯ができないだけでなく、シャワーや歯磨きをする場所すらないこともめずらしくなかった。戦争によって、もっとも基本的なインフラまで破壊されていたからだ。それに加えて食料不足も深刻だったので、母はオートミールやビスケット、ティーバッグといった食料を少量ずつ持ちあるき、いつでも何かしら口に入れられるようにしていた。

大きな鞄も準備し、医薬品や医療用具、衛生用品を詰めて現地の住民に届けた。

家を出るときから体のラインが隠れる濃い色合いの服を身に着け、到着したときに周囲の注意を引かないようにしていた。だが、母の外見はとても特徴的だったので、一定の効果しか期待できなかった。実際、母は背が高くすらりとしていて、みごとな銀髪に分厚い眼鏡と、五〇〇メートル先からでも認識できた。そのため、チェチェンに滞在しているあいだは、つねに現地の女性がつけるようなスカーフをかぶっており、軍人に目をつけられないよう、場合によっては眼鏡を外すこともあった。

当時は通信網がいまほど発達していなかったため、ひとたび母が出張に行ってしまうと、わたしたちは事実上、連絡をとる手段がなかった。だからといって、家でひたすら母の帰りを待つなどということはなかった。母としても、そんなことは望んではいなかったと思う。

わたしの母は極端に自立した女性で、自主独立の精神でわたしたちを育てあげたのだった。いまでも母のことを思いだすと、パソコンに向かい、「メモ」を書く姿がまぶたの裏によみがえる。母は自分の文章を好んでそう呼んだ。ニュースでも記事でも資料でもなく、「メモ」なのだ。「メモ」の執筆に集中しているときの母は、たとえ肉体がそこにあっても、心は別の場所にあった。

ときおりわたしが近づいてパソコンの画面をのぞこうとすると、要塞の壁のように立ちふさがる。文章が、いや、「メモ」が書きあがらないうちは、読むことはおろか、見ることすら禁じられていた。

「読んだら承知しないわよ！」のぞきこもうとして近くをうろついていると、よくそう言われたものだ。出張取材から帰るなり、母はいつも長時間パソコンの前に座って書きつづけていた。

ある朝、出張から帰ってきたばかりの母に、わたしはひと晩じゅう悪夢を見たと訴えたことがある。人びとが殺され、柩《ひつぎ》が運ばれ、葬儀がとりおこなわれる夢を見たのだ。母は顔色ひとつ変えず、そんな夢を見るのも無理ないわねと答えた。

「だって、あなたの寝室とわたしの寝室は壁を一枚しか隔てていないでしょ？　そこに人骨があるんだもの。身元の確認に必要だったから、昨日チェチェンから持ち帰ってきたのよ」。

おそらくロシア軍兵士の遺体の一部だったのだろう。母は、それ以上説明しようとしなかったので、定かではないが。

出張で母がいないときには、祖父母がよく家に来てくれた。母が留守のあいだ、わたしと兄の面倒をみるのが自分たちの役目だと思っていたようだ。とりわけ祖父は、毎朝のようにやってきた。朝早く、うちに入ってくる音が聞こえても、わたしはベッドの中でぬくぬくしているのが好きだったから、起きていかなかった。だれかが愛犬のマーティンを散歩に連れていってくれ、今日はどちらの番か兄と言い争わなくてもすむのが嬉しかった。

祖父は犬の散歩から戻ると、祖母がわたしたちの朝食にとつくってくれた料理を食卓に並べた。スィルニキ〔白チーズを使ったパンケーキ〕やブリンチキ〔ロシア風のもっちりとしたクレープ〕だ。とはいえ、母がいるときにも祖父は足繁く通ってきた。ふたりはわたしと兄が出かける支度をしているあいだ、よくコーヒーを飲みながら政治について議論していた。祖父は、きっと母のようすをうかがうために来ていたのだろう。またしても現地に赴かなくてはならないのか知るために。

「アニューチク〔アンナの愛称〕、なぜお前がそんなところに行かなくちゃならないんだ? 危険すぎる」。祖父はそう愚痴をこぼしていた。だが、それは適切な質問ではなかった。なぜそこへ行かなくてはならないのかと尋ねても、母が引き下がることなどなかったのだから。

ときには議論が数時間におよぶこともあり、祖父は親にしかできないやり方で、なんとかして母を思いとどまらせようとした。だが、しょせんむだだった。

「行く必要があるからなの、お父さん」。母はそう言って、議論を打ち切ろうとした。そしてわたしに歩みよると、「心配させるから、お祖父《じい》ちゃんたちには次の出張の話をしないでちょうだい」と耳打ちした。わたしたちがいくら黙っていようと、いずれ知られることになるのだけれど。

近しい親戚たちからも、なぜチェチェンに通いつづけるのかとよく訊かれていた。誕生日パーティなどで顔を合わせるたびに尋ねられた。すると母は、決まっておなじ答えを返すのだった。「だれも行かないからよ。あの人たちは援助を必要としているの」。あるいはよりシンプルに、「わたしが行かなかったら、だれが行くというの?」と返すこともあった。

親戚も友人も、そんな母の説明に満足することはなかった。どうしてほかのだれでもなく母が、その世界の重みを一身に背負わなくてはならないのか、理解できなかったのだ。ときには、単なるおしゃべりが激しい政治議論に変わることもあった。そうなるとだれも母の肩をもつことはない。それどころか、その場にいる全員が一致団結して、母がまちがっていることを証明しようとした。そんなときわたしは、何を言ってもむだなような気がして黙っていた。

ある日、母の口から、ふだんとは異なる発言が飛びだした。「約束するわ。ヴェーラかイ

日常のワンシーン。レストランでテーブルを囲む家族。

リヤーから、もうすぐ孫ができると言われたら、そのときはチェチェンに行くのをやめることにする。かわいい孫のためですもの」とあっさりと口にしたのだ。きっぱりとしたその言葉に、その場にいたみんなが意表を突かれた。わたしと兄は、多少の罪悪感を覚えながら互いに目を合わせた。ふたりともまだ若く、子どもをもつなんてまったく考えていなかったし、そんな予定もなかったからだ。けれども、母が思いがけない約束をしてくれた。わたしたちにはそれで十分だった。母が危険な紛争地に行くことをやめてくれる日がいつか来るのだ。

第十章　二度とこんなことが起こりませんように

第二次チェチェン戦争が始まってしばらく経つ頃には、母は、モスクワにいるあいだも、多くのチェチェンの人びとにとっての拠り所となっていた。「ノーヴァヤ・ガゼータ」紙の編集部にある母のオフィスの前には、チェチェン人が長蛇の列をつくった。息子や夫を失ったという人がいれば、国に残された家族を支援してほしいと頼む人や、実際に目にしたできごとを語る人もいた。母は全員に直接会って話を聞き、慰めの言葉をかけたり、具体的な支援につなげたりした。

ある日のこと、編集部にひとりの女性がやってきた。そのしばらく前に、母の取材記事のおかげで問題を解決できた人だった。彼女は感謝の気持ちを伝えようと箱入りのチョコレートと封筒を持ってきていた。封筒の中身は明らかに金銭だった。女性はそれらを編集部に預けると、立ち去った。

それに気づいた母は、封筒とチョコレートの箱を持って慌てて追いかけた。なんとか追いついて短い押し問答をした挙げ句、金銭は返せたものの、チョコレートのほうは受けとらざるをえなかった。支援相手からのお礼はいっさい受けとらない、それが母の流儀だった。

その頃、わたしは音楽院での勉強に夢中で、小所帯のオーケストラでヴァイオリンを演奏しながら、おおむね穏やかで快適な日々を送っていた。ところがある日、そんなお気楽な日常が突如として崩れ去る事件が起きた。

二〇〇一年二月末のことだ。母はチェチェンの山岳地帯にあるヴェデノ地区に滞在していた。マフケティやテヴザナ、ハットゥニといった村の近くだ。それまでの出張取材と同様、このときも母は、「ノーヴァヤ・ガゼータ」紙と取り決めを交わしていた。決められた時刻に電話をかけ、社の同僚に移動経路を逐一報告することになっていたのだ。当時はそれが一般的なやり方だった。カフカス地方の紛争地域へ取材に入る特派員は、生存確認のため、少なくとも一日一回は、あらかじめ決められた時刻に編集部に連絡を入れることになっていた。

ところがその日は、約束が果たされなかった。母から連絡がなかったのだ。そんなことは初めてだった。

「ノーヴァヤ・ガゼータ」紙の編集長、ドミートリー・ムラートフからわたしのところに電話があり、母からの連絡が途絶えたこと、そして、すでにそれがメディアに知られていることを伝えられた。テレビをつけてみたところ、ひとつのチャンネルで、アンナ・ポリトコフスカヤがチェチェン共和国内で消息を絶ったと報じられていた。

わたしはその夜、モスクワの〈作曲家の家〉で開催されるコンサートに出演することになっていたため、支度をして出かけた。開演まであと数分というとき、舞台裏で友人に呼びだされた。あるテレビ局で――どこの局かは憶えていない――母はすでに銃殺された可能性が高いと報じられているという。彼の話を聞いてはいたものの、わたしの脳が信じることを拒絶した。数分後、わたしはオーケストラとともに舞台にあがり、プログラムどおりバッハの協奏曲を演奏した。

さいわい母は殺されたのではなかった。ある村で捕らえられ、二日後に「ジャーナリストに認められた権利を逸脱」した廉《かど》でチェチェン共和国から追放されたのだった。母の話によると、ロシア軍第四十五空挺連隊敷地内で、拘束者を捕らえておく選別収容所《フィルター・ラーゲリ》を目撃した直後だったそうだ。司令官は彼女を拘束し、部屋に連行するよう命じた。そして母が肌身離さず持ちあるいていたわたしと兄の写真が入った封筒を取りあげると、母の目の前に置き、わたしたちがどんな目にあわされるか、事細かに語りはじめた。あまりに卑劣でおぞましいからと、母はその内容を口にしなかったが、チェチェン共和国内での活動を中断し、記事の発表をやめなければ、その脅しが現実になるとはっきりと告げられたのだ。

そうこうしているうちに、どこかで爆撃が始まったそうだ。母は屋外へ連れだされ、一本の木のそばに立たされた。司令官は武器を手にしながらこう言った。「いまならお前を撃ってもだれも気づかないし、銃声も聞こえないだろう。死体は見つからない場所に隠すつもりだ。そうなったら、お前は永遠に行方不明だな」

だが彼らは、母が拉致《らち》されたというニュースによって巻きおこされる反響や、母がロシア国内だけでなく、欧米で知名度が高いことを計算に入れていなかった。現に、母の失踪が一連隊の問題にとどまらず、国際社会から注目を集めていることがわかると、軍人たちは後々の問題を避けるため、あっさりと解放することに決めた。母を車に乗せてイングーシ共和国のナズラニ空港まで連れていき、モスクワへと送りかえしたのだった。

あのとき、母はほんとうに殺されてもおかしくない状況だった。しかし、新聞社への電話連絡が途絶えたこと、そして、失踪後に殺害されたかもしれないというニュースがロシアの全メディアに知れわたったことにより、命拾いをしたのだと思う。

母がモスクワに戻ると、母を捕まえた軍人たちは、一連の告発を退けた。北カフカス統合軍集団報道部の責任者コンスタンチン・クハレンコまでもが、テレビでこう断言した。「ポリトコフスカヤ記者は、病的な妄想にとり憑《つ》かれているようだ。閉じこめられていたわけだから、彼女が語ったような事柄を目撃できたはずがない」

激論が闘わされるなか、ある新聞社が、「敵」としてふるまった母を非難する数名の将校の手紙を、匿名で公開した。ふだん母はこの手の挑発に乗らないのだが、似たような言葉があまりに多く向けられたので、応えることにした。そして、二〇〇一年四月十三日、おなじ新聞紙上に母の反論が掲載される。そこには次のように書かれていた。「わたしが敵だとしたら、その相手は、不道徳で堕落した軍隊や、チェチェンにまつわる虚言、軍のプロパガンダ主義者によって捏造された神話や伝説、肩章をひけらかす匿名の卑怯者《ひきょうもの》たちです」

わたしはこの一件を受け、幼い頃からおとなになるまでつねに言いきかされ、両親がわたしと兄を護ろうとしてきた死の危険というものが、ほんとうに存在するだけでなく、さし迫ったものであることを初めて理解した。当時二十歳だったわたしのなかで、たった一日のあいだに、それまで非現実的で実感が伴わなかった両親からの忠告が、深刻すぎるほど現実的なものへと一足飛びに変化したのだった。

時が経つにつれ、事態は深刻になるいっぽうだった。二〇〇一年九月十七日、母は、軍による市民への虐待容疑を調査するためにクレムリンから現地に派遣されたアナトーリー・ポズドニャコフ少将と、グローズヌイで面会した。母はこの問題に詳しく、一連の虐待――というより犯罪といったほうがよいだろう――をくり返し記事にし、告発したのも、まさしく母だった。ところが、面会後、モスクワに戻るポズドニャコフ少将を乗せたヘリコプターが、離陸直後に爆発する。彼とともに、ロシア軍のべつの将軍一名と、参謀本部の大佐らと操縦士を含む八名が死亡した。ロシア軍はチェチェン独立派に罪を被せたが、母は、真相はほかにあると考えた。隠蔽すべき事柄が多すぎるから、ポズドニャコフ少将の殺害を企てたのではないかと軍の上層部を告発したのだ。

母はその自説を展開する記事を書いた。あとから知ったことだが、どこからかその情報を事前に入手した国防省が、記事を掲載しないよう圧力をかけてきた。しかし、そうした圧力にも負けず、九月十九日に記事が公開される。以降、母はますます厳しい脅迫にさらされることになった。

母がその記事のなかでとりあげる人たちは、新聞記者としての仕事に役立つ証言を得るために接触するだけの、単なる「情報提供者」ではなかった。母は、彼らの苦悩や災難を共有していたのだ。ある出張取材で母は、深刻な不幸に見舞われた一家と知りあった。息子が不審な死を遂げ、解明すべきことを山ほど抱えていたのだ。よくモスクワのわが家に来ていたから、わたしもその一家――両親と姉――に会ったことがある。母は彼らと何時間も話しあい、情報を集めてあらゆる細部を再現し、真実を解きあかそうとしていた。

最終的に母は、この件に関する極めて詳細な記事を、「ノーヴァヤ・ガゼータ」紙に掲載した。すると母のもとに、軍の将校、セルゲイ・ラーピンから直接脅迫が届いた。記事のなかで、チェチェンで多数の市民を拷問し、殺害した戦争犯罪人であるとして彼を糾弾したからだ。のちに彼は、犯した罪のために有罪判決を受けることになる。

ことここに至ると、さすがの編集部も、母が国を離れるべき時がきたと判断せざるをえなかった。少なくとも、ラーピンの動きが明らかになり、母が仕事や通常の生活を再開しても安全だという保障が得られるまでは。こうして母はウィーンへ転勤となり、いつまで滞

2000年、モスクワ。若かりし頃のヴェーラとイリヤー。アンナとともに、友人宅にて。

在するかわからなかった。

　母はウィーン行きの辞令に納得がいかず、これではわたしはどこから見ても亡命者だとつぶやきながら、しぶしぶ旅立っていった。母にとってそれは一歩退くことを意味するため、たいそう悔しがっていた。

　わたしにしてみれば、母がチェチェンと、そこからもたらされる深刻な問題から遠く離れ、安全な国にいることが素直に嬉しかった。時が経てば、母と敵対する人たちの怒りや復讐心も収まるだろうと考え、安心していたのだ。

そのいっぽうで、電話をかけるたびに、母がこの状況を嘆き、一刻も早くモスクワに帰りたがっていることが伝わってきた。

　ウィーンにいるあいだ、母はつねにわたしたち兄妹のことを気にかけていた。学業のこと、仕事のこと、どんな毎日を送っているのか。母との会話は、普通の家庭ではありえないような話題におよぶことも少なくなかったが、そんなときのトーンはこちらが拍子抜けするほどあっさりとしていた。なかでもまったく現実とは思えなかったのは、モスクワの自宅アパート付近で起きた殺人事件について兄が知らせたときの電話だ。母とおなじ年頃の、背格好のよく似た女性が殺害されたのだ。母が脅迫を受けていたことを知る人たちは、だれもが人違いで殺されたのではないかと疑った。わたしと兄のイリヤーは、そんな可能性など考慮したくなかったが、母に知らせないわけにもいかなかった。

　およそ三か月におよんだ「亡命生活」ののち、母は自宅に戻った。すると、中断していたすべてのことが、一瞬にして生気をとりもどした。

第十一章　モスクワの錯乱者

「わたしは拒絶されている」と、母は書いていた。「ジャーナリストとして働き、ロシアでの暮らしや、チェチェン紛争について国外で書物を出版してきた最大の成果がこれだ。モスクワには、記者会見やロシア政府の官僚が参加するイベントにわたしを招こうとする者はいない。主催者たちは、わたしに対して好意的だと思われることを恐れているのだ」

たしかに、母は「モスクワの錯乱者」と称されるようになっていた。わたしは、何度その言葉を目にし、耳にしたことだろう。母は周囲に理解を求めたが、彼女を支持するのは、「ノーヴァヤ・ガゼータ」紙の同僚と、ほかの反体制的なメディアの編集部の人たちだけだった。むろん、母が支援している人たちも、母の味方ではあったが。母が大事にしていたのは、自らの職務を遂行することと、見たものをありのままに伝えること、そして、ほかに行き場のない人びとに避難場所を与えることだけだった。彼らの口から語られる体験談は、クレムリンとつながる諸官庁の公式な見解とは食いちがっていた。

いかなる戦争の最中だろうと、いかなる体制下だろうと起こることだが、なかには最終的に良心を押し殺せなくなり、内実を語ろうとする奇特な人物もいた。ただし、そんな人も、母とは隠れて会った。映画に登場するスパイのように、秘密の場所で会っていたのだ。母はこのような方法で、表面的には体制に忠実で表立って反旗を翻すことはないものの、内心では体制を嫌悪している組織側の人間（そのうちの多くが現在も権力の座にとどまっている）からも情報を得ていた。一九九九年に勃発した第二次チェチェン戦争は、ほどなく長期におよぶ「対テロ作戦」となり、チェチェンの町や村を破壊し尽くすことになるのだが、そのあいだ母は、このような状況で仕事をしていた。

当時のプーチンの計画は極めて単純だった。チェチェン人たちを「転向」させて買収し、モスクワに服従させること。最終的に、彼はそれに成功した。プーチンはチェチェン人を善人と悪人に分け、穏やかな生活か、さもなければ死をという二者択一の未来を突きつけた。母には、親しいチェチェン人の知り合いが大勢いた。プーチンの兵士となる以前の彼らは、戦争がもっとも激しかったときでさえ、母を家に泊めていた。ところがその後、風向きが変わり、すべてがべつの色に染まってしまった。

母はよくわたしたちに言ったものだ。「チェチェン人にとっては絶望的な状況で、もはや軌道修正できない」

母は自分が目にしたできごとを報じる際、中途半端な表現を用いることはなく、不正や蛮行、恐ろしいできごとの証言に何よりも重きをおいた。それが母の理想とするジャーナリズムだった。事実を語ること。上位の者に忖度《そんたく》することなく書くこと。それは、民主主義国家に暮らす人にしてみればあたりまえの概念かもしれないが、ロシアでは完全に常軌を逸した行為だった。そんなことをすれば、自由を当然の権利と見做《みな》して社会制度に挑むことになり、すべての人の神経を逆なですることを意味していたのだ。同業者であるジャーナリストたちも例外ではない。本来であれば、彼らも母とおなじ責任を負い、ともに真実を語るべき存在だったはずなのに、母は孤軍奮闘していた。とことんひとりだったのだ。

「英雄を必要とする国は不幸だ」。ベルトルト・ブレヒトはそう記しているが、ロシアが必要としていたのは、英雄ではなく、自由なジャーナリストだった。英雄は概して独裁者になってしまう傾向があることを考えると、なおさらだ。亡くなるまでの数年のあいだ、母は、まるで自分だけの次元に迷いこんだかのようだった。あたかも、何かの陰謀によってほかの登場人物はことごとく目が見えなくなってしまったのに、母だけが現実を見つづけているかのように。人は正義を志したまま孤立すると、脆《もろ》く、傷つきやすくなる。母は読む者の同情心を駆りたてるために書いているわけではなかった。一般の人たちが、カフカス地方の現状に対して関心をもとうともせず、男も女も子どもも無差別に爆撃されて死んでいく現実から目を背けて日常生活を続けていようとも、気にしなかった。母は未来のために書いていたのだ。大虐殺の犠牲となった無辜の民の生き証人として。

たとえだれひとり読みたがらなくても、真実を記すことには意味がある。いつでも自らの仕事としっかり取り組むことに意味がある。それを疑いはじめたら、母の犠牲はむだだったのだと認めることになってしまうではないか。

母が何よりも嫌がったのは、大好きな仕事を邪魔だてされることだった。その点において、母はひどく現実重視だった。死については、兄とわたしの心の準備が整っていないうちに、不意に訪れることを恐れていた。わたしたち親子は、甘ったるい、お涙ちょうだいの会話をしたことはない。そんな会話には意味がなかった。友達は、学校から帰ると、「アイスクリーム食べる?」などと親に声をかけてもらっていたが、母がわたしにかける言葉ときたら、「大事な書類はこの引き出しに入っているわ」とか、「お金はそこに隠してあるから」といった類《たぐい》のものだった。そう言いながら、母がわたしの目をじっと見つめ、果てしなく感じられる数秒が流れる。それから、いつも言いわけのように付け加えた。「念のために言ってるだけよ」

またしても脅迫電話がかかってきたか、あるいは「お前のためを思って忠告してるんだ」とだれかに警告されたか、ともかく何かが起こっただろうことは推察できた。いつものことだ。傍《はた》から見れば恐ろしいことかもしれないが、わたしたちにとっては、死をいつか必ず訪れるものとして捉え、ありふれたものとせず、つねに頭の片隅においておくための訓練のようなものだった。いまから思うと、母は、わたしたちが「ショック状態」に陥り、すべてが必要以上に困難になるのを避けたかったのかもしれない。遅かれ早かれ自らの選択の付けを払うときがくるだろうとわかっていたのだ。ときには、冗談めかしてそう言うこともあった。われながら奇妙なことだが、いまふり返ると、わたしも兄もそうした状態にすっかり慣れっこになっていた。わたしたちの心には、おそらく癒えることない傷痕が残されたが、だからといって、当時のわたしたちがそうした状況のせいで自分たちの人生を送れなくなることはなかった。

人間の命が何より尊いということはわかっているが、だからといって、母の犠牲に意味がなかったとは思いたくない。いまでもわたしは、家族や友人との夕食の席で交わされた会話を憶えている。いつもおなじ、けっして解決されることのない、解決などできるはずのない問題について、意見が交わされていた。母の友人のあいだにも、母の話を信じない人が少なくなかった。「あなたの記事に書かれているようなことがすべてチェチェンで起きているなんて、ありえる?」「誇張しすぎなんじゃないの?」母は、不正を目撃したらなんとかしなくてはならないと固く信じていた。けれども、母の言うことを認めず、信じなければ、たとえ内心では不正が存在するかもしれないと感じていたとしても、自らの問題と捉えずにすむ。母の友人たちの頭のなかでは、そんなメカニズムが働いていたのだろう。むろん全員というわけではないが、多くの人がそんなふうに物事を捉えていた。彼らは単純に、それがふんだんな資料に裏づけされたものであっても、反駁《はんばく》できない証言とその証言者の氏名がそろっていても、目の前に集められた無数の事例が信じられないのだった。意識を抑圧する訓練が日常となり、無関心を貫くことが生き延びるための道となった。その枠からはみだした者は、運がよければ錯乱者として扱われ、悪ければ排除すべき危険分子と見做されるのだ。

ロシアでは、一般の人たちはもとより、母の読者でさえ、もしも不正に声をあげる力がロシア社会にあり、彼女を護る覚悟があったなら、母は殺されずにすんだという事実に気づいていなかった。というのも、ある時点から、母はジャーナリストのコミュニティーからも疎まれるようになっていたからだ。同業者の大半が、母のことを理解していなかったか、理解できないふりをしていた。現地からの母のルポに当惑し、大っぴらに批判することも少なくなかった。それが恐怖心からだったのか、嫉妬心からだったのかわからない。いっぽうで、ロシア国外では、母の活動はひろく認知され、高く評価されていた。複数の本を上梓し、書いた文章が国際的な反響を呼び、勇気ある女性として欧米で圧倒的な知名度を誇っていた。それでも、祖国ロシアでの母は孤独だった。なかには厚かましいことに、死後になってから母を称讃し、「友であり同志」と名乗ってはばからない人たちもいる。けれども、ほんとうの意味での母の友人は、片手の指で数えられるほどしかいなかった。

「とうとう『モスクワの錯乱者』なんて呼ばれるようになってしまったわ」。あるとき、母がそうこぼした。深刻さを和らげようと冗談めかしてはいたものの、さすがの母でも、理不尽で残酷ともいえるそんな批判を冷静に受けとめることはできなかったようだ。それに、問題はほかにもあった。率直に言って、母が信じるようなジャーナリズムの道をつき進んでも、それに見合った金銭的な見返りがあるわけでも、名声が得られるわけでもなかった。母は、生涯の仕事を通して大金を稼いだわけではない。何年も古いパソコンを使いつづけていたし、ロシア製の大衆車に乗っていた。当時もいまも、裕福になれるのは権力におもねるジャーナリストだ。要は選択の問題なのだ。

第十二章　わたしもあの中にいたかもしれない

自らの責務を果たすという点において、母はわたしたち子どもに対しても、自身が仕事をするときとおなじ厳格さを求めていた。

その考えは生活のあらゆる面におよび、ときには滑稽なまでに度を越していた。だが、まだ子どもだったわたしにしてみれば、少しも面白いことなどなかった。たとえば、夏休みのあいだ、子どもは勉強をしなくてもよかったはずなのに——少なくともわたしはそう信じていた——、母はふだんとおなじように勉強させようとした。

わが家の夏休みの典型的な一日には、目的もなくぶらぶらする時間や、森を散策する時間は想定されておらず、すべてが明確かつ綿密に決められた日程に沿って進められた。まず、わたしと兄はヴァイオリンの練習を二時間しなければならなかった。ついで、ロシアの詩の歴史において「銀の時代」〔象徴主義の優れた詩人を輩出した十九世紀末～一九二〇年代〕と呼ばれた時期の古典的名作から選んだ詩の暗唱。それがすんだら、学校の宿題だ。それとはべつに、母から子ども向けの本を何冊か渡され、線を引きながら読むように指示された。このページはすべてのOの文字に下線、次のページはすべてのAの文字に下線、という具合に。そうすることによって、注意深く読んだり書いたりする能力が鍛えられる、というのが母の持論だった。

事実上、自由に過ごせる時間などなかった。どちらかというと、両親の、とりわけ母の狙いはそこにあったように思う。わたしたちはしょっちゅうクラシック音楽のコンサートへ連れていかれた。コンサート会場に着くと、兄のイリヤーは決まって舞台などそっちのけで、こっそりお気に入りのSF小説——外国の作品も、ソ連の作品も——を読んでいた。兄は、音楽よりもSFのほうがはるかに好きだったのだ。

わたしは兄より集中して舞台を観ていたものの、演奏のあいだに「電池切れ」になることも少なくなかった。そんなときは、モスクワ音楽院のホールを隅から隅まで観察した。いつしか、桟敷席《さじきせき》の両側の壁に飾られていた国内外の偉大なクラシック作曲家の肖像画を、自分の掌《てのひら》のように記憶していた。

いずれにしても、良きにつけ悪しきにつけ、母のおかげでわたしたちはモスクワの音楽界のなかで育った。ある日、わたしたちの生活に、兄とはべつのイリヤーが入りこんできたのは、そんなつながりからだった。

チェリストだったイリヤーは、たちまちわたしたち家族全員と親しくなった。よくうちに遊びにきては、母と冗談を言いあっていたものだ。わたしの恋人だった時期もある。正直なところ、彼との恋愛はあまりうまくいかなかったものの、別れたあとも、彼は、わたしとも家族ともよい関係を保っていた。

ある日、息せき切ってやってきたイリヤーが、ドゥブロフカ劇場でミュージカル「ノルド・オスト」のオーケストラのオーディションがおこなわれることを教えてくれた。彼自身はすでにそのオーケストラで演奏していたが、今回は団員が足りず、オーディションで募集することになったのだ。イリヤーは興奮していたし、わたしも絶好のチャンスだと思った。「ノルド・オスト」は、モスクワではまったく新しい試みのミュージカルで、大勢の若い音楽家が参加を切望する作品だった。ところが、なんとも説明のつかないようなことが起こる。肝心のオーディションの朝、わたしは寝坊してしまったのだ。目覚まし時計の設定をまちがえたのかもしれない。いまだに不思議でしかたがない。わたしは約束をすっぽかすような性分ではなかったし、しかも、そんな大事な場面で朝寝坊なんて、ありえないことだった。結局、わたしはチャンスをみすみす逃すことになった。

それからしばらく経った二〇〇二年十月のこと。母は、カリフォルニア州のサンタ・モニカ大学でジャーナリズムの講義をするため、渡米した。椰子《やし》の木が並び、人びとの顔には笑みが絶えない、暖かくて心地いいカリフォルニアが大好きだった母は、学生に会って講義をすることに、意欲を燃やしていた。

まさにそのミュージカル「ノルド・オスト」の上演中の十月二十三日、四十人以上のチェチェン人武装テロリスト集団がドゥブロフカ劇場に侵入、観客や技術者、役者、オーケストラの団員ら千人近くを人質にとって立てこもった。友人のイリヤーもそのなかにいた。

劇場を占拠した直後からしばらく、テロリストたちは、人質が携帯電話で家族や友人に連絡をとることを許可した。事件を知った人びとが、テロリストの要求に従うよう政府に働きかけることを期待してのことだ。イリヤーは、自宅にいたわたしに電話をかけてきた。人質になったと告げたのだが、じつのところ、わたしはすでにそのことを知っていた。彼はその後も何度か電話をかけてよこし、劇場内のできごとやテロリストたちの行動を話した。そうこうするうちに、テロリストたちが交渉役として受けいれてもいい人物の名前のリストを公開し、そこに母も含まれていることが判明した。イリヤーからは、「アンナ・ポリトコフスカヤの知り合いだって言うべきだろうか」と電話で相談を受けた。

テロリストの動きを知った母は、できるだけ早くロシアに帰国しようとした。モスクワ行きの便がことごとく満席で難儀したものの、二十四日から二十五日にかけての夜、アメリカを発つことができた。

劇場に立てこもったチェチェン人たちは死を覚悟していた。彼らの要求は、ロシア軍がチェチェンから即時撤退し、紛争を終わらせることだった。なかには手榴弾を持ち、自爆ベルトを巻いた女性も何人かいた。「黒衣の寡婦」と呼ばれる、夫や兄弟、息子を亡くした女性たちだ。テロリスト集団を率いていたモフサール・バラーエフは、要求が受けいれられなければ、人質全員を殺害すると脅迫していた。

最終的にわたしとイリヤーは、彼が母の知り合いであることを打ち明け、連絡をとれると伝えたほうがいいという結論に達した。

翌朝、犯人のひとりから家に電話があり、母と話したいと言われた。わたしは、母ならばまもなくモスクワに到着するはずだが、急ぐのであれば、空港に迎えにいっている兄に電話をかけるのがいいと伝えた。受話器を置いたわたしは、すぐに兄のイリヤーに電話をして、手短に状況を説明した。わたしとの電話を切った瞬間、劇場から着信があったらしい。そのとき、母の飛行機はすでに着陸していたものの、本人はまだ手荷物受取所から出てきていなかった。兄は、自動ドアの向こうにスーツケースを待つ母を認めると、覚悟を決めて大声で説明しながら中に入っていった。「この電話の向こうに『ノルド・オスト』の劇場を占拠したテロリストがいて、アンナ・ポリトコフスカヤと話したがっているんだ」。そうして、兄は警備員に制止されることもなく母のもとへ行き、母は荷物が運ばれてくるターンテーブルの前で、テロリストとの交渉を始めることになった。

劇場のある一帯は完全に封鎖され、同心円状に警官が配置されていた。劇場から数キロメートルの距離にあるいちばん外側の規制線のところにジャーナリストが詰めかけている。情報機関の職員は、母がテロリストとの交渉に加わることに猛反対していた兄をそこで制止し、母だけを中に入れた。そして、治安部隊が指揮する対策本部へと母を連れていった。

母に託された任務は、ジャーナリストの職務をはるかに超えるものだった。母は懸命に仲介を試みたものの、どちらの側からも協力が得られなかったため、あまり進展がないままだった。同二十五日、特殊部隊が突入作戦を開始する十時間前のこと（この突入をもって事件は幕を閉じることになるのだが、そのときはまだだれもそれを知らずにいた）、母は当局側とテロリスト側双方の了承を得て、医師一名とともに劇場内に入ることに成功した。のちに母が語ったことによると、中に入るなり、母は言葉を失った。テロリストたちによってすでに数名が殺害されていたのだ。建物の内部は、言われたとおり慎重に進まなければならなかった。少しでも勝手に動こうものなら、とり返しのつかないことになる。「劇場内で、血のようなもののついたガラスの破片を踏んだことを憶えている。至るところにガラスが散乱していた。忘れることのできない感触だった」

最初は実行グループのひとりと話していたが、数分もすると、リーダー格のひとりだと名乗るべつの人物があらわれた。二十九歳のアブ＝バカルだ。彼は、生まれたときから戦いがあり、つねに戦争と隣合わせで生きてきた世代に典型的なチェチェン人だった。

母はそんなテロリストたちを相手に、せめて子どもだけでも解放するよう説得したが、交渉は難航した。バカルは、人質を解放するために絶対に譲れない条件は、戦争の終結だと主張した。それ以外は意味がないと。

そこで母は、せめて人質に与える水を劇場内に運びこむことを認めてほしいと頼んだ。その頃には、自分の尿を飲むしかない状況に陥っている人たちが出はじめていたのだ。これについては、どうにかテロリストたちの承諾を引きだすことができた。

母が情報機関の職員にその旨を伝えると、なんと、肩をすくめ、水を購入するための資金などないと答えたらしい。

憤慨した母からわたしのもとに電話があった。「犯人グループが水やジュースを運びこむことを承諾したのに、対策本部の人間は、お金がないから買えないって言うの！ ありえないでしょ？」母は自分のバッグに入っていた現金をそっくり本部の机の上にぶちまけた。その場にいた人たちが見かねて協力してくれたおかげで、最終的には十分な量の水を買える金額が集まった。

ほどなく、各国のメディアが、著名小児科医のレオニード・ロシャーリとともに、ペットボトルの水と紙パックのジュースを積んだカートを押し、何度も劇場に出入りする母の姿を報じはじめた。できるだけのことをやり終えた母がようやく自宅に戻ってきたときには、すでに夜更けになっていた。現場を離れる際、情報機関の職員に尋問され、劇場内で目撃したことについて逐一説明を求められたらしい。

事件が幕引きとなったのは、発生から三日後の十月二十六日だった。朝の六時頃、テレビの大音声で目を覚ますと、母が部屋の明かりをつけて画面の前に座りこみ、見入っていた。「突入したのよ」。母は言葉少なに説明した。

ちょうどロシアの治安部隊が致死性のガスを劇場内に流しこみ、突入したところだった。それは、テロリストとの交渉の余地がいっさいなくなったことを意味していた。母がほかの何人かと協力して進めていた仲介の努力がすべて水の泡となった。テレビ中継では、建物の外に運びだされた人質が入り口に無造作に横たえられ、バスや救急車で運ばれていくようすが映しだされていた。さいわい、友人のイリヤーは、地獄と化した劇場から自力で脱出することができた。

「人質が運びこまれた病院へ行かなくちゃ」。そう言うと、母は着替えて家を出ていった。母は単にジャーナリストとしての使命感から悲劇を記録しようとしていたのではなく、完全に心を囚われていた。実際に現場に入っていたこともあり、いま起こっていることに対して責任の一端を感じていたのだ。

母はモスクワの病院を片っ端からまわった。どの病院にも入り口に負傷者名簿が貼りだされていた。医師のもとへ駆けより、運びこまれた人びとの容態を尋ね、どんなガスが用いられたのか、何人亡くなったのかを知ろうとするのだが、死者の数は刻一刻と増えるばかりだった。公式の発表によると、百三十名の人質と、五十名以上のテロリストが死亡したとされている。死因は、ガスによるものか、さもなければ銃で撃たれたものだった。

友人のイリヤーはスクリフォソフスキー記念病院に運ばれてひと晩入院したものの、翌日の夜には退院し、真っ青な顔でわが家を訪れて、劇場内で体験したことの一部始終を混乱が収まらないようすで語った。彼は最初のうち、ほかの演奏者たちといっしょに、舞台から離れた翼棟に隠れていた。パニックに陥った仲間の女性が叫び声をあげさえしなければ、テロリストから見つからずにすんだかもしれない。隠れているのを知られた瞬間は、その場で処刑されるのではあるまいかと恐怖に震えたが、ほかの人質が集められていた大ホールに連れていかれただけだった。

イリヤーには、ストックホルム症候群〔監禁などで拘束された被害者が、加害者と時間や場所を共有することにより、好意や共感を抱くようになる現象〕が疑われる症状があらわれていた。テロリストの行動も理解できる、彼らの暴力には多少なりとも正当性があるはずだ、そう主張していたのだ。

こうして「ロシア式」にイリヤーと交わされた「台所での会話」〔親しい客は客間ではなく台所に通されて、そこで本音で語りあうことからこう言われる〕から、母は立てこもり現場への突入について、最初の記事を書くことになった。大勢の人質――命を奪われた人、負傷した人、無事に脱出した人――と、その家族のたどった運命を報じることに、母は情熱を注いで取り組み、何か月もかけて掘り下げていった。

数本の記事が世に出ると、母が事件の犠牲者を利用しているという非難の声が聞こえてくるようになった。自らのキャリアのために、「彼らの骨の上で踊っている」というのだ。こうした批判を支持するジャーナリストも少なくなかった。ロシアではよくあることだが、百三十名という多くの人質の命を奪うことになったこの愚かな突入作戦について論じ、記事を発表しつづけることは、特殊部隊の働きや指導部の判断に疑問を呈することを意味する。突入作戦が失敗に終わり、大勢の犠牲者を出した以上、この件には触れないほうが賢明だと母に意見する人も多かった。

だが、母は、だからこそ記事にする意味があると信じていた。来る日も来る日も関係者に電話をかけつづけ、この事件でなんらかの被害を受けた数十人、いやおそらく百人以上の人から話を聞いた。劇場の換気システムに投入されたのはどのようなガスだったのか、なぜ救助隊は人質を救うための解毒剤を持っていなかったのかを解明しようとしたのだ。母は、人命が軽んじられたことに納得がいかなかったのだろう。そして、事件の最中に十分な交渉力を発揮できなかったこと、事件後には遺族を十分に支えられなかったことを悔やんでいた。

「わたしはこうした人びとや、彼らの人生を書きとめているの。わたしの取材メモは、彼らにとって、ある種の精神療法なのよ。これがなければ、彼らは自分たちだけで苦悩を抱えつづけることになる。政府はいっさい支援の手を差しのべてくれないし、彼らの大切な人たちがなぜ、どのように亡くなったかを解明しようとしないから」

母は、生きのこった人質や犠牲になった人びとの遺族といっしょに問題に取り組むべきだと考えていた。三日間も武器で脅されつづけた挙げ句、生き延びた人びとや、当局の突入によって愛する人を失った人びとの心理状態をありきたりの言葉で表現することは不可能だ。深層に入りこみ、目に見えないことや、彼らが語りたがらないことまで探る必要があった。

「人質だった人に会ってくる。帰りは遅くなると思うから、待たなくていいわ」

わたしは、そんな台詞《せりふ》を何十回となく聞いたものだ。

「なんでそんなに遅くなるの?」ある日、尋ねてみたことがある。

「だって、中座して、わたしはこれで帰りますってわけにはいかないでしょ」。それが母の答えだった。

彼らの精神的な支えになろうとしていた母だったが、取材を終えて帰宅したあと、自身が落ちこむことも少なくなかった。インタビューの相手は、悲惨な結末が待ちうける恐ろしい体験をした人たちだ。夫、息子や娘、兄弟姉妹、父や母、あるいは両親を同時に失ったという人、なかには家族全員を亡くしたという人もいた。母は、彼らの苦悩から距離をおくことができなかった。正確に言うと、距離をおこうとしてもそれができなかった。このときもまた、人びとの苦悩を自らの体内にとりこんでしまったのだ。

母の役割は、またしてもジャーナリストの職務を超えていた。母は遺族を支え、彼らが正義を手にするための支援をおこない、そして書いた。不屈の精神で書きつづけた。だれひとり置きざりにしないと心に誓いながら。けれども、母の気分の落ち込みは日増しにひどくなり、ついには傍目にも明らかな灰色のベールがかかるようになった。

劇場で息子を亡くしたイリーナ・ファジェーエワは、母の葬儀でこう話していた。「あいつら権力者は、アンナが助けようとするすべての人間を恐れていた。けれども、彼女のおかげで沈黙の壁が崩れた」

そうなのだ。母は、多くの人にとってそういう存在だった。人質の死の責任が、体制に、すなわちプーチンにあると糾弾することを恐れなかった。最期の瞬間まで、けっして屈することなく自分の信念を貫いたのだ。

もしかするとわたしも、あの劇場にいたかもしれない。人質のひとりとして。犠牲者のひとりとして。あるいは、あの事件によって癒えることのない傷を負った者のひとりとして。あの日、たまたま目覚ましの音が聞こえず、オーディションを受けることができなかっただけなのだ。

現在、劇場の前には犠牲者を偲《しの》ぶ慰霊碑が建立されている。コンクリート製のそっけない石柱の上で、飛びたとうとしている金属製の三羽のコウノトリ。土台となっている花崗岩《かこうがん》のブロックには次のような碑文が刻まれている。「テロリズムの犠牲者を追悼して」。ただそれだけ。どのようなテロなのか、なんの事件を指しているのかを示すものはひとつもない。慰霊碑の隣にはこぢんまりとした教会があり、毎年十月二十六日になると追悼式を終えた家族が祈りを捧げにやってくる。

二〇一一年、欧州人権裁判所は、犠牲者の遺族らの訴えを受けいれ、ロシア政府が事件の解決のために武力を行使したこと自体は合法だが、ガスを用いる際に副次的に発生すると予測できた事態について、然るべき対策を怠ったと認定した。

残念ながら、母は、その前に射殺されたため、判決文を読むことができなかった。判決を知ったら、人質だった人たちや犠牲者の遺族のために、心から喜んだことだろう。それほど、母は彼らのことを気にかけていた。

第十三章

兄妹で記憶をたぐりよせて

歳月の経過とともに、ドゥブロフカ劇場でのテロ事件の記憶が遠くなり、曖昧な部分も生じてきたため、わたしは兄のイリヤーと話をして、当時のできごとを再現してみることにした。わたしと兄の絆《きずな》は、子どもの時分から強かった。きょうだいのあいだでよくみられるように、両親にどのように育てられたかについては意見が食いちがうこともあったけれど。

「いいかい、僕が生まれたとき、うちには冷蔵庫すらなかったんだぞ。なのにお前が生まれたとたん、父さんはかわいいお姫様のために冷蔵庫一台を買ったんだ」。わたしが生まれる前、両親は電気式ではない冷蔵庫を使っていた。ソビエト時代に普及していた、冬には外気をとりいれて食品を冷やすタイプのものだ。

イリヤーは、両親が兄よりも妹を贔屓《ひいき》していた証拠として、よくこの話を引き合いに出すが、それはまちがいだ。

兄は、ドゥブロフカ劇場占拠事件の恐怖の四日間を間近で体験した。

「憶えてる？　兄さんは危険だってわかっていたから、テロリストとの交渉に加わらないようお母さんを説得したのよね」。紅茶を飲みながら、わたしは兄に尋ねた。

「ああ、僕は反対だった。正直に言うと、母さんがしていたことには、おおむね賛成できなかった。誤解しないでほしいんだけど、母さんの仕事はもちろん尊敬してたよ。彼女の代わりにあんな仕事ができる人は、ロシアにはいないってわかってた。だけど、ほかでもなく自分の母親がその仕事を引き受けなくてはならないのは耐えられなかったね。矛盾した話だと自分でも思うし、母さんともよくその話をしたよ。母さんは、自分はチェチェン市民の唯一の希望なんだって言っていた。それは確かにそうかもしれないが……」

「あの日、空港に迎えにいったとき、お母さんにはなんて言ったの？」

「特別なことは何も。ふたりとも、なんのためにそこにいるのか、どこに向かっているのかわかっていたから」

「車の中ではどんな話をした？」

「母さんはほとんど口を利かなかった。これからはじまるテロリストとの対面に意識を集中させていた」

「アメリカを発つ前に、お母さんから電話があったことを憶えてるわ。いま着ているのよりも厚手の服を選んで、兄さんが空港に来るときに持たせてほしいって言われたの」

「そうだった。その場で着替えて、それからすぐに劇場に向かったんだ」

「じつはわたし、あのあと、服の選び方がなってなかったって、かなり手厳しく言われたのよ」

「いや、それは知らなかったな。とにかく、空港で母さんを待っているあいだに、テロリストから僕の携帯に電話があっただろう。だから、あれ以来、携帯を何か月も盗聴されることになったんだ。あのときは、ふたつの話が同時に進んでいた。劇場内にいた友達のイリヤーは、アンナ・ポリトコフスカヤの知り合いだって名乗りでて交渉の役に立とうとしていたし、テロリストたちは母さんが交渉役として介入することを望んでいた」

「兄さんは、情報機関の対策本部に入ったの?」

「いいや、入っていない。劇場周辺は警察によって完全に封鎖されていて、住民ですら立ち入りが禁じられていたからね。僕がついていけたのは、最初の検問所までだった。その先は、情報機関の職員が母さんだけを連れていったんだ。劇場から数キロの地点で、ほかにはだれもいなかったね。そうして、彼らといっしょに作戦司令部の中に姿を消したんだ」

「お母さんが到着したときの情報機関の反応はどうだった?」

「これはあとから聞いた話だけど、懐疑的な目で見られたらしい。最初は作戦を立てていた対策本部のテントにも入れてもらえなかったそうだ。母さんがおとなしく言うなりになる人物じゃないってよくわかっていたから、何か秘密の情報を聞かれたり、察知されたりするのを恐れていたんだろう。ようするに、周囲をうろつかれたくなかったんだな。それでいて、母さんなしでは手の打ちようがなかった。彼女の介入を求めていたのは、ほかでもなくテロリストたちだったからね」

「お母さんが劇場に入っていったとき、兄さんはどう思った?」

「じつは、僕は遠くにいたからわからなくて、テレビで見た友達から知らされたんだ。もちろん、一刻も早く出てきてほしいって思ったよ。母さんは、人質にフルーツジュースやペットボトルの水、それにたしか生理用ナプキンを差し入れさせてくれとテロリストに頼んだんだけど、持ちこむことを許されたのは飲みものだけだった。外に出て、今度は対策本部を説得しようとしたら、そんな資金はないって言われた。それでも、どうにか必要な金を集めて、別れた地点で待っていた僕と合流し、いっしょに買い出しに行ったんだ。全部で六〇〇リットルぐらいはあったかな。車は水とジュースで満杯だった。劇場の前まで行って段ボール箱を降ろすのを手伝いたかったが、僕には立ち入りの許可が下りなかった。だから最初の規制線のところにある検問所でいったん荷物を全部降ろすしかなかった。情報機関の職員は規制線内に入ることのできる市民のリストを持っていたんだけど、そのなかに母さんの知り合いの小児科医がいて、その人が劇場内に運びこむのを手伝ってくれた」

「お母さんのお葬式には、『ノルド・オスト』の犠牲者の遺族からたくさん花輪が届いたわね。葬列がお墓に着いたときには、あのとき人質になった友人のイリヤーがお母さんの遺影を持ってくれた」

「憶えてるとも。葬儀に参列していたエレーナ・バラノフスカヤは、いまも毎年母さんの命日に手紙をくれるよ。エレーナはあの劇場で息子とパートナーを亡くしたんだ。母さんがまだ生きていた頃は、よく会って話しこんでいた」

ドゥブロフカ劇場のテロ事件のあと、わたしは母からいっしょにウィーンに行かないかと誘われた。自分は講演会に参加するが、あなたはヴァカンスなのだから、初めて訪れる街を見物してまわればいいじゃない、と言って。

それは、いささか奇妙な誘いだった。その頃にはわたしも兄もおとなになり、ヴァカンスは友達と過ごすようになっていたのだから。現に、その当時、母と旅行したのは、このときのウィーンと、その数か月後に行ったトルコの海だけだ。

ウィーンでは、母の空き時間に、いっしょに中心地を観光した。かつての住居を改装して造られたジークムント・フロイト博物館では、フロイトが患者に「おくつろぎください」と勧めていたソファを見て爆笑したことを憶えている。鉄製で、精神分析を受けるにはあまりにも座り心地が悪そうだったのだ。洗練された建築物の並ぶ美しい街並みにうっとりしながら中心街を散策し、あちこちのカフェに入ってさまざまな種類のコーヒーとケーキを味わった。デジタルカメラを手に入れてまもなくの頃だったから――「ノーヴァヤ・ガゼータ」紙の幹部から母がもらったものだ――、街の横顔をいくつも写真に収め、リング通りの喧騒から離れた路地では、夕日を背にした母の写真を撮った。

わたしたち兄妹と母との関係は、概してかなり複雑だったといえるだろう。母の性格と選んだ人生とが、ほぼすべての決断や行動を左右していた。

ジャーナリズムに専念する以前の母は、家族のことを中心に考える人だった。自分の子どもが「特別な道」を進んで大成することに執着するタイプの母親ではなかったが、わたしたちがどのように育つべきか、どのような情熱を育《はぐく》むべきか、どんな書物を読むべきかといった点に関しては、非常に明快な考えをもっていた。そして、そのすべてにおいて、教育は主要な役割を果たしていた。

母の論法はとても単純だった。「言うとおりにしなさい。さもないとお母さんが

ウィーン旅行での思い出の一枚。夕日を背にしたアンナ。
人通りの少ない通りをそぞろに歩く。

承知しないわよ」。わたしたちがこれを嫌い、反抗したことは想像に難くないだろう。反抗の激しさは成長段階によって異なるものの、おおむね増していった。

たとえば母は、わたしたちがもう「子ども」と呼べる年齢ではなくなり、それぞれの人生に母親が直接関与できるスペースが無情にも小さくなっていることになかなか気づけずにいた。あまりに厳格な母のしつけのスタイルは、もはや効果がないばかりでなく、母子の衝突の新たな火種となり、口論が絶えず、非難の応酬が続いた。けれども母が亡くなる前には、わたしたちもすっかりおとなになっていたので、母子関係も落ちつき、以前よりもはるかにお互いを理解しあえるようになっていた。

母の複雑な性格は、彼女とかかわるすべての人との関係にあらわれていた。家族といるときも、親しい友人や仕事仲間といるときも、それは変わらない。激しやすく、ときにはまったく手がつけられなくなることもあった。定期的に家を訪ねてくる友人は、そもそもそれほど多くなかったが、仕事が多忙をきわめていたこともあり、時が経つにつれてますます少なくなっていった。亡くなる前の何年かは、ほとんどだれにも会わないような状態が続いていた。そのうえ、チェチェンだけでなく国外への出張取材があり、年々増えるいっぽうだった。出張に行くたびに、何かしら家に飾る美術品を持ち帰った。母はアパートメントを飾るのが大好きで、家の壁面は、絵画や著名な作品の複製画、訪れた街や名所の風景画、

アンナと、幼馴染みのマリーヤ（左）とエレーナ（右）。

家族の写真などで埋めつくされていた。出張から帰るたびに、小像や玩具、もはやいくつめなのかもわからない蛙《かえる》の置物などが増え、家のあちこちに飾られていった。

母をモスクワに引きとめておける唯一の日が、母の誕生日だった。母は家で親しい人たちと誕生日を祝うことが好きだった。とはいえ、亡くなる前の何年かは、改まってだれかを招待するようなことはなかった。近しい人たちは、わざわざ招くまでもなく、その気があれば自ずと来るはずだからと言っていたのだ。

母の親友のエレーナとマリーヤは、一

年生のときからのクラスメイトで、生涯の友でもあった。ふたりともジャーナリズムとは無縁で、おそらく、だからこそよい関係を続けていけたのだろう。現に、ジャーナリスト仲間の大半は、母やその仕事を大っぴらに批判することはなくとも、距離をおいていた。ところが、母が亡くなったとたん態度をがらりと変え、母への敬意を大仰に口にし、母と親しかった証拠をひけらかすのだった。真実を知っているわたしは、いまだに彼らのそんな態度に呆《あき》れている。

第十四章　プーチンの毒薬

母は常々、わたしにも兄にも、おそらく自分はいわゆる「普通」の最期を迎えることはないだろうと言っていた。

おなじ「ノーヴァヤ・ガゼータ」紙のジャーナリスト、ユーリー・シチェコチーヒンが二〇〇三年七月に無惨にも暗殺されてからは、どうせ殺されるなら、毒を盛った優雅なバラの花束をもらうとか、せめて女らしい死に方がいいわね、などと冗談めかして言うことさえあった。

二〇〇四年九月一日、テロリスト集団がチェチェンからそう遠くない北オセチアのベスラン第一学校を占拠したとき、母はモスクワにいた。

その日は、「リネイカ」と呼ばれるロシアの祝典がおこなわれる日だった。リネイカは「定規」という意味で、ロシア全土の学校で新学年の始まりが祝われる。その年に卒業試験を受ける生徒たちが、家族の見守るなか、象徴としてのベルを新一年生に贈るのだ。そのため、ベスランの学校には大勢の人がいて、学生、教職員、父母、兄弟姉妹を含む千五百人近くがテロリストの人質にされた。なんの罪もない人質を解放するための条件として彼らが提示したのは、このときもまた明確なものだった。戦争を即刻やめること、そしてチェチェンの独立を認めること。

学校が占拠されたことを知った母は、ただちにベスランに行くことを決意した。テロリストとの交渉を始めなくては。「ドゥブロフカ劇場占拠事件」のときのように大勢の人質が犠牲になることだけは、なんとしても避けなくてはと考えたのだ。そして、チェチェン・イチケリア共和国〔チェチェンの分離独立派の自称国家〕のアスラン・マスハードフ大統領に接触し、テロリストとの交渉を開始することで合意した。もしこの交渉が実現していれば、その後の事件の展開に大きく影響していたことだろう。犠牲者の数もここまで増えずにすんだはずだ。ところが、現地へ向かう飛行機が次つぎと欠航になり、たどり着く手段がなくなった。だが、そんな状況でも、母はきっとあきらめないだろうという確信がわたしにはあった。

案の定、母はカラット航空でロストフ・ナ・ドヌーまで行くチケットを手に入れた。そこからならば、ベスランの学校まで車で数時間の距離だ。搭乗する前、母はモスクワのヴヌーコヴォ国際空港からわたしに電話をよこした。そして、一般市民に紛れて多くの諜報員がいて、そのうちの何人かはほかでもなく母を嗅ぎまわっているようだと話していた。母は、一般市民や群衆に交じった諜報員をひと目で見抜く術を身につけていた。

たいていの国では、警察官を見かけると安心感が湧き、護られている気分になるものだ。だが、ロシアではちがう。いまも昔も、諜報員や警官の姿を目にすると不安に襲われる。母にとってもそうだったし、わたしにとってもそうだ。

結局、母がベスランに到着することはなかった。その数時間後、母はロストフ・ナ・ドヌーの病院に収容された。旅客機の中で急に気分が悪くなり、意識不明の状態で病院に搬送されたのだ。機内で母が口に入れたのは、客室乗務員から提供された紅茶だけだった。彼女はふだんから神経質なまでに食べものに気をつかっており、品質が疑われるものを口にするくらいなら絶食を選ぶほどだった。といっても、健康や衛生面を考えての行動であり、暗殺を恐れていたわけではない。

母が入院したことをわたしに知らせてくれたのは、ムラートフ編集長だった。「いまから病院へ行って彼女に面会し、何が起こったのか解明するつもりだ」。彼は電話口でそう言ったあと、意識を失う直前に母から電話があり、毒を盛られたと言っていたとつけ加えた。

勤務中だったわたしは、だれにも何も言わずに仕事を続けた。いうまでもなく心は乱れていたが、平静を装っていた。しかし、そのニュースはすぐに各メディアで報じられ、しまいには上司がわたしのところに来て、こう言った。「お母さんが機内で体調を崩されたそうだよ」

「はい、聞きました」。わたしはそう答え、家に帰った。

もし予定どおりベスランに到着できていたら、母はテロリストとの対話を試みたはずだ。つまり、明らかにそれを望まない人が大勢いたのだろう。彼らは、人質の家族から証言を聞きだす、アンナ・ポリトコフスカヤの仕事のやりかたが許せなかったのだ。あの日の機内で、母は殺されかけただけではない。仕事の遂行を阻止されたのだ。

意識をとりもどした母は、すぐには自身のおかれている状況がわからなかった。病院の一室で、熱い湯の入った何本もの大きなプラスチックボトルに囲まれていた。医師たちは、科学的な根拠もないそんな奇妙な方法で、母の血圧と体温を上げようとしていたのだ。モスクワとサンクトペテルブルク以外のロシアの町では、医薬品や医療機器があたりまえのように不足していたので、現地からの話を聞くかぎり、母をモスクワにできるだけ早く移送したほうがよいのは明らかだった。「ノーヴァヤ・ガゼータ」はプライベートジェットを借りて母を搬送しようとしたが、医師たちは当初、退院させることを渋った。それだけでなく、理由は不明だが、検査結果と血液サンプルの提供も拒んだ。血液サンプルは、空港着陸後と入院直後に採取したもので、それらがあれば、母をそんな状態に陥れた物質が特定できるはずだった。

結局、母はモスクワのアメリカンメディカルセンターに重篤な状態で搬送された。どのような毒を摂取させられたのか解明するための十分な生物医学的データもないままに。わたしが駆けつけたときには、とても起きあがれる状態ではなく、じっと横たわっているだけで、会話もままならなかった。ベッドのまわりでは医師や看護師が慌ただしく動きまわり、機械から伸びた何本もの管を母の体につないだり外したりしていた。

「今回も特殊部隊が突入して人質から犠牲者が出たら、わたしは続けられないかもしれない。これは一種の悪夢だわ」。意識が回復してきたとき、母はわたしにそうつぶやいた。ジャーナリズムを捨てる可能性を仄《ほの》めかしていた。

モスクワでおこなわれた検査では、毒物の種類は明らかにならなかった。まだ体内に残留していたが、特定できなかったのだ。医師からは、気分が悪くなった直後の検査結果が必要だとの説明を受けた。だが、ロストフ・ナ・ドヌーの病院から運びだされたとき、同院の医師は、分析に用いられた試験管がすべて割れたと言ったらしい。結局、モスクワで退院時に渡されたカルテには、「科学的に解明できない物質による中毒症状」と書かれていた。

母は丸々一週間入院したものの、体調が完全にもとに戻ることはなかった。中毒によって内分泌系と肝臓に異常が生じ、その後、それが慢性化したのだ。インスリン非依存型糖尿病も発症し、突然血糖値が低下するようになった。食べものを口にするのが遅れると、意識を失って救急車を呼ばなくてはならないこともあった。そのため母は、緊急時にはすぐに血糖値を上げられるよう、甘いものを持ちあるくようになった。

ベスランでは、九月二日、イングーシの元大統領ルスラン・アウシェフがテロリストに占拠された学校に入った。彼は一時間ほど校内にとどまり、テロリストを説得し、幼い子どもたち十五名、女性十一名を解放することに成功した。

九月三日の午後、人質が閉じこめられていた体育館で相次いで爆発が起きたため、特殊部隊の突入が決行された。深夜までおよんだ攻防の挙げ句、多数のテロリストが殺害され、人質からも多くの犠牲者が出た。

公式の発表によると、テロリスト集団はそれ以上の交渉を拒否したらしい。事件から十九年近くの歳月が流れた現在も、正確な死者数は明らかになっていない。いくつかの情報筋が異なる数字を示していて、犠牲者の数は三百十四名から四百五十名、うち百八十六名が子どもだったとされている。八百名近くが、救出の際に重傷を負った。突入後まもなく、ベスラン郊外の大きな畑に百ほどの墓穴が掘られ、広大な墓地となった。調査委員会も設立されたものの、あの恐怖の数日間に何が起こったのか、いまだ完全には解明されておらず、犠牲者の遺族が納得のいく説明はないままだ。

第十五章

幸せはココナッツチョコレート

結婚当初、母は料理の経験がいっさいなく、カーシャすらまともにつくれなかった。カーシャというのは、粗挽きのそばの実などの穀類を茹でて粥状《かゆじょう》にしたものだ。ベリー類のジャムやサワークリームを添えて食べる。

それでも、なんとか口にできるカーシャをつくれるようになりたいと、実家の母親にしょっちゅう電話をしては、夫に聞かれないように声をひそめ、分量や加熱時間を教えてもらい、数年後にはすばらしい料理人になっていた。ジャムだってなんだって自分で手づくりした。

朝食にはカーシャを用意してわたしたちを起こし、下校すると、ボルシチをはじめとした湯気の立つ熱々のスープとメインの肉料理でわたしたちを出迎え、夕食の時間になると、さらに滋養に富んだ品々を食卓に並べた。たいそう手間暇のかかるナスやトマトの詰めものもよくオーブンで焼いてくれたし、ヴァリエーションの豊かな前菜をつくって楽しんでいた。

1960年代、マゼーパ家の家族写真。
手前の左がアンナ、右が姉のエレーナ。

総菜屋で買った出来合いの料理を食卓に並べてすませることはなく、家族で何かのお祝いをするときには、凝ったメニューを考えることも好きだった。

だが、わたしと兄が大きくなるにつれて、生活習慣も変わり、母は料理をつくらなくなった。母はそれが少し寂しかったのかもしれない。料理にいそしんでいた時間は、チェチェンへの出張や取材に費やされるようになった。すると、代わりに祖父がわが家にやってきて、家のなかのことが万事うまくいっているか気を配り、子どもの頃にしていた「儀式」を再開するようになった。

クリスマスが近づき、お菓子を多少食べすぎても見逃してもらえる時期になると、祖父は全員がそれぞれの皿のスィルニキを食べ終えるのを待ち、ポケットからココナッツ味のチョコレートをふた粒取りだす。そしていかにも厳かにわたしたちを見まわし、ひと粒をわたしに、もうひと粒をイリヤーに手渡すのだった。もしどちらかひとりが出かけていたら、チョコレートはひと粒だけ。本人に手渡すという原則が破られることはなく、チョコレートは必ず、祖父のポケットからわたしたちの手の中へ直接手渡されるのだった。

わたしとイリヤーは、とりわけおとなになってからは、祖父が醸しだす厳かな雰囲気を壊さないよう気をつけていた。ソビエト時代の食糧難、とくに祖父たちの世代が身をもって体験した飢饉の幻影が、せめて孫にだけでも甘いものを与えたいと祖父に思わせるようになったのだろう。

恋人に関して、母はいつだってわたしたちの選択を尊重してくれた。イリヤーが結婚したいと言いだすと、内心では息子の未来の妻となる人をあまり好きではなかったはずだけれど、結婚式がうまくいくよう協力を惜しまなかった。自身の結婚生活はすでに二十年以上続いていたのに、当初、自分たちの結婚を母の両親があまり歓迎してくれなかったことが記憶にあったからだ。そのため、親が承諾したからといって幸せが保証されるわけではないし、いくら親とはいえ、子どもが家庭を築く相手に口をはさむべきではないと考えていたのだろう。

正直なところ、わたしも兄の婚約者があまり好きになれなかった。この結婚はうまくいくのかしら。長続きしない気がするんだけど……。わたしがそう言うと、母は冗談めかして言った。

「いいじゃない。仮に長続きしなかったとしても、せめて結婚式の写真はすてきなものが残るようにしましょう」

その言葉どおり、母は兄の結婚式が盛大に祝われることを望み、すばらしい式にするた

結婚式当日のイリヤーとアンナ

めの労力を惜しまなかった。あらゆる細部に至るまで気を配っていたが、それは容易なことではなかった。というのも、新郎新婦は大勢の人を招き、給仕や料理人を雇い、さまざまな料理を提供する伝統的な結婚式を挙げたがったからだ。数か月かけて準備を進め、ようやくその日がやってきた。わたしは母がアパートメントを隅から隅までピカピカに磨きあげていたことを憶えている。ロシアの伝統に倣い、結婚式の前には友人や親戚が花婿の家に集まることになっていた。母はそのためにすべてを完璧に整えようとしていた。

そうして、母の思い描いたとおりの夢のような結婚式が実現した。豪華な挙式に続き、ロシア料理レストランで盛大な披露宴が催され、新郎側、新婦側、ともに何十人もの招待客がお祝いに駆けつけた。だが、わたしと母の予感どおり、二〇〇五年の夏に結婚したイリヤーは、翌年にはもう離婚していた。

第十六章　マーティンとファン・ゴッホ

愛情込めて世話をしていたドーベルマンのマーティンとアンナ

わが家はたえず生き物を飼っていた。父は、オウムを一羽と魚を飼っていた。初めてうちにやってきた犬は、ロッシーニのオペラ「ウィリアム・テル」にちなんでウィルヘルムと名付けられた。けれども、それほど経たないうちに、散歩中に逃げだし、車に轢《ひ》かれて死んでしまった。

それからしばらくして飼ったのが、ドーベルマンのマーティンだ。平均的なドーベルマンとは異なり、すこぶるおとなしい犬だった。わたしとイリヤーはまだ幼かったし、父は出張が多かったので、おもに母がマーティンの世話をした。ジステンパーに罹《かか》って獣医に匙《さじ》を投げられたときに看病をしたのも母だった。マーティンは昼間ずっと両親の寝室のソファに横たわっていた。あまりに苦しそうだったから、わたしたちは、おそらく死期が近いのだと思っていた。絶望した母は、モスクワ獣医学研究所に電話をかけた。深夜だった。電話を受けた当直医は、母の切実な訴えに根負けし、当直明けに往診に来てくれた。そして、唯一試す価値があるとしたら、昼夜を問わず一時間ごとに注射を打つことだと言った。母はあきらめずに医者の指示に従った。すると驚いたことに、マーティンは数日後には元気をとりもどしはじめたのだ。やがてすっかり快復し、その後わたしたちのもとで十六歳まで長生きし、老衰で死んだ。田舎の別荘《ダーチャ》に滞在していたときだったので、死骸は庭に埋めた。

うちにはすでに猫一匹と、父のオウムがいたのだが、じきに、また犬を飼おうということになった。インターネットでブラッドハウンドを専門にしているブリーダーを見つけて訪ねていったところ、気に入った成犬が見つかった。連れ帰ってファン・ゴッホと名付けることにした。とても穏やかな性格のいい子だったが、ほどなく大きな問題を抱えていることが明らかになった。頻繁に散歩に連れていくにもかかわらず、膀胱《ぼうこう》のコントロールができず、帰ってきた途端にまた用を足してしまうのだ。獣医に診てもらったところ、腎臓に重い病気があることがわかった。母はまたしても必死になって介抱し、自宅のアパートメントで面倒をみた。母がいないときはわたしが代わった。だが、治療によって病状がよくなっても、

愛犬のブラッドハウンド、ファン・ゴッホ。公園の散歩中にアンナと。

家の中でのおしっこは続いた。やがて、それとはべつの問題行動もあらわれた。わたしと母が住んでいたモスクワの中心街はいつも車が渋滞し、人びとが騒々しく歩道を行き来している。ファン・ゴッホはそうしたすべてを怖がるようになったのだ。全身を硬直させて道路の真ん中に突っ伏してしまうので、ひきずって移動させるしかなかった（体重は六〇キログラムを超えていた）。それで、母か、母がチェチェンにいるときはわたしが、散歩のたびに車で公園まで連れていくことになった。ファン・ゴッホは静かなアパートメントの中庭で車に跳び乗り、公園の門の前で降りるのだ。犬専用のエリアに連れていくと、幸せそうに走りまわっていた。

ファン・ゴッホの健康問題によって、わたしたちの暮らしはますますややこしくなった。母は手を焼いていたものの、いつも変わらず愛情をこめて世話をしていた。犬の行動カウンセラーにも相談してみたが、たいして効果はなかった。母が亡くなったあとになって、じつはファン・ゴッホが癲癇《てんかん》を患っていたことが判明した。問題行動は、癲癇に起因していたのだ。結局、ファン・ゴッホはモスクワの郊外に引き取られ、その後何年も都会の喧騒を離れて穏やかに暮らした。そして、何度目かもわからない癲癇の発作中に、息を引きとった。

母はファン・ゴッホの物語と、犬の目線でモスクワの市街地を見るようになるまでの経緯を綴った記事を書いた。だが、記事が掲載されるのを待たずに亡くなった。

第十七章　襲撃

ジャーナリストや人権活動家のあいだ、そして欧米ではよく知られる存在だった。しかしながら、ロシアの政界に与えた影響は極めて小さかった。

アンナ・ポリトコフスカヤの訃報を受けて発表された
ウラジーミル・プーチンの声明

母は、プーチンの誕生日に暗殺された。二〇〇六年十月七日のことだ。ひとを愚弄するかのようだが、たんなる偶然だろうか。それとも、何かのサインだったのだろうか。母はボディーガードをつけていなかったし、それを望んでもいなかった。必要性は自覚していたものの、頑として拒否していたのだ。

暗殺される数週間前に、母の父親、つまりわたしの祖父が亡くなった。九月二十一日、祖父は、重い病気で入院していた祖母の見舞いに行っていた。わたしが携帯の番号を変えたばかりだったので、祖父は母から渡されたわたしの新しい番号のメモをパスポートに挟んでいた。見憶えのない番号が携帯の画面にあらわれたとき、わたしは自宅にいた。電話に応えると、女性の声で、ステパン・マゼーパさんのご親類の方ですかと尋ねられた。「はい、孫です」「よかった。地下鉄の駅のそばのバス停にいるんですけど、お祖父さんが転んでしまって、ここに倒れているんです。息をしていないみたいで……」。そんな経緯《いきさつ》で、わたしが真っ先に祖父の死を知らされたのだった。すぐに電話で母に知らせ、母は祖父のもとへ駆けつけたが、すでに手の施しようもなかった。

あまりに突然だった祖父の死に、母は嘆き悲しんだ。その後の数日はすっかりふさぎこみ、まるで出口のない暗いトンネルに入りこんでしまったみたいだった。入院中の祖母を見舞ったり、買い出しに行ったりと、家の用事や家族のケアに専念していたため、実質的に仕事はしていなかった。そんな状況を前に母は、もう頭が完全にべつのところにあるから、そのうち「メモ」も書けなくなっちゃうわね、などと自嘲するような軽口を叩いていた。

こんなことを言うと驚かれるかもしれないが、それは、おそらくわたしが母の活動に伴うあらゆる危険を完全に忘れられた、人生で唯一の、そして（悲しいことに）短い期間だった。数か月前に妊娠がわかったこともあり、わたし自身の頭もべつの問題でいっぱいだった。

母が殺害される一週間ほど前に、生まれてくるのは女の子だと知った。そして、前日の十月六日の夜、母は、生まれてくる赤ちゃんの名前について話しはじめた。わたし自身はまだ何も考えていなかったというのに。

「ニーナという名前はどうかしら？」と母は訊いた。

わたしは、自分の娘がそんな名前だなんて想像できない、と答えた。

「じゃあ、アーニャ〔アンナの愛称〕なんていいじゃない。どう？」

アーニャですって？　わたしは驚いて心のなかでつぶやいた。古い言い伝えが頭に浮かんだのだ。生まれてきた子どもに存命の家族の名前を付けてはいけない、そんなことをしたら、まもなくその人は死んでしまう、といういわば、くだらない迷信だ。それなのに、しばらくそのことが頭から離れなかった。母はこちらに背を向けて立ち、クローゼットを片づけながら黙ってわたしの反応を待っていた。わたしはなんと答えたらよいかわからずに、話はそこで立ち消えになった。それきり、娘の名前について話す機会は永遠に訪れなかった。

二〇〇六年十月七日のことは、あらゆる細部に至るまで記憶に刻まれている。その頃、わたしは母の家で寝泊まりしていた。自宅をリフォーム中だったので、実家に仮住まいしていたのだ。妊娠初期に特有の眠気と倦怠感があり、起きたのは昼近くだった。

母といっしょに遅い朝食をとり、紅茶を飲んで少しおしゃべりをしてから身支度を始めた。その日はリフォーム工事に必要な資材を買うことになっていた。わたしは、いま自分の人生に起きていることにわくわくしていた。母も途中から合流し、いっしょに買いものをする予定だった。そのとき、まったく予期していなかったことが起こった。ふいに母が何かを握ってわたしのほうに歩み寄ったのだ。手をひらき、丸めた札束を差しだしながら、こう言った。「生まれてくる赤ちゃんのために使ってちょうだい」。母は、そんなことをする人ではなかったから、わたしは前の晩とおなじくらい驚いた。わたしはとっくに成人し、働いて自活し、自分の人生を築いているのだから、母からお金をもらう筋合いはない。それにもかかわらず、わたしは「わかった」と答え、金額を確かめもせずにポケットにしまった。

わたしは予定していた用事をすべてすませたかったので、急いでいた。そのあとで、いっしょにわたしのアパートメントの浴室のタイルを選びにいくことになっていた。母とは前もってそういう約束をしていた。

通りに出てから、丸められた札束をポケットから取りだした。高額紙幣が何枚もあり、全部でおよそ二千ユーロほどに相当する額だった。

その日、午後も母と頻繁に連絡をとり合った。ほんとうに店までいっしょに行って、選ぶのを手伝う必要があるかと尋ねられたわたしは、母の声に疲れが感じられたので、「いいえ、来なくてもだいじょうぶよ。まだ具体的にこれというものが見つかったわけじゃないし。もしアドバイスが必要だったら電話する」と答えた。それが母との最後の会話となった。

そのおよそ四十分後、店に入ったわたしは、母に電話で感想を伝えようとした。ところが電話に出てくれない。何度かけてもつながらなかった。そこに兄から着信があった。兄も、母と連絡がつかないと言う。兄はそう遠くないところに住んでいたので、レスナーヤ通りの実家までようすを見にいくように頼んだ。また低血糖症の発作を起こし、助けが必要になっているのかもしれないと不安になったのだ。どのみち、兄は母をスーパーマーケットに連れていくことになっていた。わたしがいっしょに住みはじめてからというもの、母は何かとたくさん買いこんでは、重い買い物袋を提げて帰ってくるようになっていたからだ。

それから十分が経過しただろうか。兄から電話があった。後にも先にも聞いたことのない声で、兄は言った。

「母さんが殺された」

何かのまちがいだ。とっさにわたしはそう思った。まちがいとしか思えない。

ついさっきまで、お母さんはわたしと電話で話をしていた。生きていたし、元気だった。わたしたちはいっしょに浴室のタイルを選ぶことになっていた。死んだなんてありえない。絶対に人ちがいだ。恐ろしい勘ちがいだ。兄さんが何か早とちりをしたにちがいない。そうとしか説明がつかないじゃないか。わたしはレスナーヤ通りに向かうあいだ、そんなふうに考えて自分を納得させようとしていた。

歩きながら、母の携帯を呼びだしつづけた。だが応答はない。家の前に到着すると、警官が建物のまわりに規制線を張っていて、まちがいではなかったのだと思い知らされた。

わたしは、兄、母の姉、そして父と、数時間ほどアパートの入り口近くに立ち尽くしていた。そのあいだに大勢の野次馬やジャーナリストが詰めかけた。わたしたちは中に入ることも許されなかった。

数時間後、捜査官から兄に電話があり、まもなく検視官が到着して母の遺体を運びだすから、遺体を覆うためのシーツを用意してほしいと言われた。兄は家まで上がり、シーツを持ってきて検視官に渡した。ほどなく母の遺体が運びだされた。そのときになって、家の中の捜索をするから自宅に上がるよう指示された。

アパートメントのエントランスを通りすぎ、エレベーターの付近まで行ったところで、だれかに後ろから押された。「急いで通れ。見るんじゃない!」それでも、わたしは見ずにはいられなかった。殺害現場に残されたものを見届けようとしたのだ。エレベーターの中には弾痕がはっきりと残り、階段には血のついた鶏むね肉のパッケージが落ちていた。結局、母はひとりでスーパーへ行き、満杯の買い物袋を抱えて自宅に帰ろうとしていたのだろう。エレベーターに乗りこみ、もしかしたらわたしからの電話に出ようとしていたときに、銃撃され、息絶えたのかもしれない。

拳銃で五発。警察は遺体の近くで自動拳銃のマカロフPMと薬莢《やっきょう》を見つけた。殺害に使用された凶器がその場に放置されていたのだ。何者かに依頼された殺人であることの明確な証拠だった。

わたしたちは階段で八階までのぼった。捜索は数時間におよび、母の資料やパソコン、デジタルカメラなど、仕事に関するものはすべて捜査官によって運びだされた。わたしは何をすべきなのかわからず、呆然《ぼうぜん》とそのようすを眺めているだけだった。だれかから、捜索の一部始終を注意して追うように、けっして捜査官から目を離してはいけないと電話で忠告を受けていたが、相手は大勢で、複数の部屋を同時に捜索していた。

エレベーターの中で見た弾痕が頭から離れなかった。ちょうど頭の高さくらいだった。母が亡くなったあとしばらくは、何かと実家に帰ることがあったが、弾痕はいつまでもそのままだった。だれもその穴をふさごうとしなかった。ある日、そこに一輪の花が挿してあるのを見つけた。わたしは写真に撮り、それをいまでも持っている。

事件から一か月あまり経った頃、モスクワ市長の秘書室の職員がとつぜんわが家にやってきて、何か必要なことはないかと尋ねた。わたしたちの唯一の望みは、そのときもまだ残っていた弾痕を消してもらうことだった。要望はほどなく聞き入れられ、パネルでふさがれた。

母の葬儀には、ロシア当局からの参列者はひとりもいなかった。その代わり、大勢の一般市民が涙を流してくれた。わたしはその日、母がどれほど人びとに尊敬されていたか、どれほど人びとから愛されていたか、母が暗殺されたことがどれほど深く世論を揺さぶったかを、ほんとうの意味で理解した。母の死とともに、多くの人たちが声を失い、寄りかかって泣ける肩を失った。多くの人たちにとって、正義を手にし、自分たちの物語がしかるべき

形で記されるのを目にする最後の希望の灯りが消えたのだ。

数時間におよんだ葬儀には、大勢のジャーナリストが出席し、何台ものテレビカメラが回っていた。わたしにはそれが耐えがたかった。とにかくすべてが早く終わってほしいと思っていた。

わたしは、その日のよけいなできごとの大半を記憶から消し去った。ぼんやりと憶えているのは、ロシア国内の著名人や各国の大使が母の柩の前で弔辞を述べていたこと。

いっぽうで、霊柩車《れいきゅうしゃ》やその周辺の路上にたくさんの花を投げていた人びとの姿は鮮明に記憶に残っている。先頭を進む柩に続いて、わたしたち遺族や友人は、花びらに覆われた道を歩いた。

母を永遠に失ったその日、わたしは自分のお腹に手をあてて、娘が胎内で成長するのを感じていた。

第十八章　徒労

今日まで、長い歳月をかけて捜査や裁判がおこなわれたものの、なんの成果もなかった。母の暗殺の首謀者は特定されないままだ。そもそも、本気で追及する気などなかったのだろう。なかには笑うしかないほどお粗末なミスもあった。死亡推定時刻がまちがっていたとか、母が殺害されたと思われる時刻に付近で通話していた何千人もの電話番号の載った関係書類が、誤って公開されるとかいったことだ。

当時、母の事件を担当する捜査班には、優秀で経験豊富な人材をそろえると確約された。その選り抜きのプロフェッショナルのひとりから、ロシア連邦捜査委員会で受けた尋問のことは、いまだに忘れられない。わたしは傍目にもお腹が大きくなっていて、どこからどう見ても妊婦だとわかるはずだった。彼は、母が亡くなる前の数日について、いつ、どこへ、何をしに出かけたかという一般的な質問をしたあと、いきなりわたしに歩みより、周囲をぐるぐると歩きながら罵声を浴びせはじめた。そして隣に腰を下ろし、お前がこのまま何も細部を思いださなかったら、自分のせいで母親の殺人事件が解決しなかったという事実とともに残りの人生を生きていくことになるんだぞ、とわめき散らしたのだ。それが一般的なやり方なのか、こうした事件でのみ用いられる特殊な尋問方法なのかはわからない。とにかくわたしは、建物を出る頃にはすっかり怯えていて、これからはけっして弁護士なしではここに来ないことにしようと心に誓った。実際、その後は弁護士のアンナ・スタヴィツカヤが同席してくれたものの、取調官は相変わらず乱暴で無作法だった。

ロシアの警察には独自のヒエラルキーがある。わたしは、彼らがいったいどこでだれから他人に対する態度や接し方を教わるのか、常々不思議に思っていた。まるで野生人のような彼らの話し方を見ていると、尋問相手を委縮させ、劣等感を与えるためにわざとそうしているのではないかと思うことがよくある。対峙している「政府という機械」や制服を前に、自分はなんの価値もない人間だと思わせるために。一般の人たちの大多数は彼らとかかわった経験がなく、最初はどのように立ち向かえばよいのかわからない。

ロシアでは早くも母が忘れられつつあることに気づいたのは、母の死からまだ日も浅いときだった。暗殺された直後には、数百人規模の人たちが集まって、デモや追悼の集会がおこなわれていたが、総体的に憤りは感じられなかった。いまや母は、生前から彼女を評価し、彼女の記事を読んでいたごくわずかな人の心と頭のなかに残るだけで、母が実践したジャーナリズムは、母とともに息絶えたのだ。

ロシアで記憶を保ちつづけるのは容易ではない。近年では、人びとがアンナ・ポリトコフスカヤのことを思いだすのは、命日だけになってしまった。ときおり新聞に名前が載ることもあるが、それは決まって母の仲間や友人が殺害されたときだ。母の暗殺事件のひと月後には、ロンドンで、アレクサンドル・リトヴィネンコがポロニウムを用いて殺害された。母を手伝ってチェチェンで犯罪行為におよんだ人物を突きとめていた元KGBの諜報員だ。二〇〇九年一月には、モスクワの中心部でスタニスラフ・マルケロフが殺害された。まだ若いながら名の通った人権弁護士で、母と同様、長らくチェチェンで活動していた人物だ。彼は記者会見から帰る途中で刺客に襲われたのだった。いっしょにいた「ノーヴァヤ・ガゼータ」の若き実習生、アナスタシヤ・バブーロワも命を落とした。そのさらに六か月後には、母の友人で人権活動家だったナターリヤ・エステミロワの身にもおなじことが起きた。

母が暗殺されたあと、「ノーヴァヤ・ガゼータ」紙のムラートフ編集長は、同紙の記者やスタッフを集めて言った。「もうたくさんだ。活動を停止しよう。これ以上きみたちを攻撃の矢面に立たせたくない」。編集部が彼に反旗を翻したのは、このときが初めてだった。結局、「ノーヴァヤ・ガゼータ」は閉鎖することなく新聞を発行しつづけた。相次ぐ殺害事件も彼らを黙らせることはできなかったのだ。それが二〇二二年三月、ウクライナ戦争をきっかけに成立した検閲法により、ムラートフ編集長も発行停止の決断を余儀なくされる。メディア規制を司るロシア連邦機関ロスコムナゾールの検閲官から、二度目の警告を受けた直後のことだった。

第十九章

最後の取材

二〇〇六年七月二十七日から二十八日にかけての夜、クルチャロイ村の郊外で、独立派武装グループのふたりのチェチェン人が、クレムリンの支持者であり、当時チェチェン共和国首相だったラムザン・カディーロフの伏兵に襲われた。ふたりのうちアダム・バダーエフは捕らえられ、クルチャロイ村出身のホジ＝アフメド・ドゥシャーエフは殺害された。二十八日未明、武装した男たちを大勢乗せた約二十台の車両が村の中心部に入ってきた。彼らはドゥシャーエフの頭部を掲げていた。ふたりの男がそれをパイプの上部に固定し、その下に血みどろのズボンを吊るした。そして二時間ものあいだ携帯電話で写真を撮っていた。作戦を指揮していたのは、カディーロフの腹心で元クルチャロイ地区の地区長イドリス・ガイボフだ。村には、彼らがこの地域の「悪魔ナンバー1」を殺害し、首を刎《は》ねたと電話で話しているのを聞いたと証言する者もいる。ドゥシャーエフの頭部は二十四時間村にさらされたのち、警察によって回収された。ズボンはパイプに吊るされたままだった。その後、頭部と胴体は縫合され、検察総局が一連の事件を裏づけるための捜査を開始した。

母はあるインタビューで、ラムザン・カディーロフが母の殺害を誓っていたと語っている。母がカディーロフをチェチェン共和国の悪党と見做し、そう公言することをはばからなかったからだ。しかも脅し文句が発せられたのは同共和国の閣議中で、母はそのことを内部にいた人物から直接知らされた。子どもであるわたしや兄にも、母はカディーロフが自分に対して抱く容赦ない憎しみについて一度ならず話したことがあった。

「なぜカディーロフはわたしの死を望むんだろう」。母はそう自問していた。「以前、彼にインタビューをしたときに、彼の話を一言一句そのままに書きおこし、記事にしたことがあった。信じられないような愚かさと無知もすべて忠実に再現しながら。カディーロフは自身がもっと知的に見えるよう、わたしがインタビュー全体を書きなおすものとばかり思っていたのかもしれないわね。確かに、近頃では『わたしたち』とおなじ側にいるはずのジャーナリストの大多数がそうしている。談話をリライトし、美化するの。でも、それだけで殺害の脅迫を受ける理由になるなんて……」

暗殺される前の数週間、母は非常に重要性の高い取材を進めていた。だが、それは同時に、心理的負担の大きなものだった。カディーロフとその部下の手によって拉致され、拷問された人びとについて調べていたのだ。

二〇〇六年前半の拉致被害者の数は、前年の同時期に比べて確実に増えていた。しかも、数値には告発のあった件数しか含まれていない。母の手元に集まった写真には、拷問によって痛めつけられた肉体がいくつも写されていた。

母に言わせれば、カディーロフは全身武装をした臆病者だった。グローズヌイの惨殺者。われらの時代のスターリン。信奉者に囲まれなければ一歩も前に踏みだせない。母はそん

2000年代初頭、トルコにて。

な人物がチェチェン共和国の大統領になるなんてありえないと言っていた。「カディーロフの誕生日〔十月五日〕に望むことはただひとつ。わたしは本気で言っている。真剣で厳粛な裁判の場で彼が被告席に立ち、これまでに犯したすべての罪について答弁する姿を見たい」。母の殺害から二日もしないうちに、自分の関与を疑う噂がひろまりつつあるのを見てとったラムザン・カディーロフは、慌ててそれを否定した。けれども母の母親、つまりわたしの祖母は、二〇二一年に殺人事件の解決を見ずして亡くなるまで、すべての黒幕には、ほかならぬラムザン・カディーロフがいると信じて疑わなかった。

前にも述べたとおり、母の殺害事件の首謀者はいまだに明らかになっていない。捜査は然るべき道筋をたどらなかった。二〇一四年、モスクワ裁判所の陪審員は、母を殺害したとして、チェチェン人四人を含む五人の男に対して有罪の判決を下した。実行犯と目されるルスタム・マフムドフと、その叔父で、銃撃を計画したとされるロム＝アリ・ガイトゥカエフ（服役中に死亡）は終身刑を宣告された。ルスタムのふたりの兄弟、イブラヒムとジャブライルにはそれぞれ懲役十二年と十四年が言い渡された。いっぽう、モスクワ警察元幹部のセルゲイ・ハジクルバノフには、殺害の計画に関与したとして懲役二十年が科された。簡易裁判では、元警察官のドミートリー・パヴリュチェンコフが、自ら罪を認めて司法当局の捜査に協力していたにもかかわらず、その後の審理で殺害の計画に関与し、実行犯に武器を供給した罪で重罪刑務所での十五年の懲役を言い渡されている。

チェチェン共和国の現首長ラムザン・カディーロフが、母を殺害した容疑で刑事裁判の尋問を受けたことは一度もない。司法当局が首謀者を特定することはなかった。わたしたち遺族にとっては、事実上、事件が解決していないのとおなじことだ。

第二十章

自由の国の亡霊

何ひとつ変わらなかった。言論のみを武器に母が闘った相手は、いまもおなじ場所にとどまっている。ウクライナ戦争は長期にわたるプーチン政権の転換点となった。二〇〇〇年、プーチンが数か月の大統領代行期間を経て初めてロシア連邦の正式なトップに選出されると――いまでは奇妙に思えるが――欧米諸国で高い評価を得た。多くの人の目に、EUやG8（ロシア連邦は一九九八年から全面参加）と友好的な関係を保ちながら、民主的な発展を目指しているかのように映ったのだ。

プーチンの大統領就任は、第二次チェチェン戦争が始まった時期と重なっている。この戦争は、二〇〇九年、当時大統領だったメドヴェージェフが、「対テロ対策」の終了を宣言するまで十年間続いた（プーチンは首相だった）。そのあいだ、チェチェン一帯に敷かれていた立ち入り規制を破ることができたのは、母をはじめとする、ごくひと握りの人だけだった。

第二次チェチェン戦争は、あまり語られないうえに、イスラム過激主義によるテロとの戦いというイメージが植えつけられている。プーチンはこのテロとの戦いを第一の柱として、彼の新しいロシアを飾るレトリックの堅固な基盤をつくりあげた。新しいロシアのプロパガンダを支える第二の強力な柱とされたのが、「大祖国戦争」、すなわちナチズムに対するレジスタンスと一九四五年の勝利だ。ナチズムという敵の打倒が新しいロシアの礎となっている以上、同国の政治的・歴史的価値を過小評価する者は、自動的にロシアで支配的な思想の枠外に追いやられることになる。歴史研究を自由におこなうことが可能となり、ロシア人にとって不都合な、スターリン体制の犯罪にまつわる実態が明るみに出された時代――ペレストロイカの数年間とエリツィンの十年弱――の遺物は取り除かなくてはならなかった。歴史も民主主義も「ロシア固有のもの」であるべきで、自由な歴史研究は、過去の支配的な記述を批判的に「読み解く」ことができるため、脅威と見做された。

ロシアには、現在起こっていることを的確に表現する言葉がある。「ポベドベーシエ」だ。訳すとしたら「勝利崇拝」といったところだろうか。この言葉は、毎年五月九日の対ナチスドイツ戦勝記念日に国を挙げておこなわれる祝賀行事の、過剰な盛り上がりをよくあらわしている。この祝賀行事は国民的な儀式であり、減るいっぽうのかつての戦士たちの世代を礼賛する場となっている。いまや国じゅうがこの世代の前に跪《ひざまず》き、戦争を想起させるソ連時代のシンボルをやみくもに崇拝し、信仰している。これはロシア社会をむしばむ新たな病だ。三歳の息子に迷彩服を着せ、玩具《おもちゃ》の戦車で遊ばせながら、楽しげに町を散策するなどという真似は、まともな精神の人にはできないことだ。

バルト三国やウクライナにおいては、国家の礎を成す柱がまったく異なる。その柱は、ようやく実現させた独立を称讃し、帝政ロシア時代や国際共産主義時代に失われた自国の優位性を回復することにある。

ロシアとウクライナは、けっして埋めることのできない溝をはさんで向かいあっている。侵攻以来、ロシアのあらゆる放送や公式声明で頻繁に掲げられる標語が「非ナチ化」なのは、おそらくそのためだろう。プーチンとその側近たちは、「一九四一年の脅威をくり返そうとする敵」(ロシア指導部の言では)を特定するために、国民全員が理解でき、イメージしやすい単純なカテゴリーを用いたのだ。

「非ナチ化」という言葉によって戦争を正当化しただけでなく、必要不可欠なものに仕立てあげた。この名目のもと、ロシアはウクライナに自国のルールを押しつけ、征服した町の施政者を罷免し、代わりにロシアに友好的な人員を配置した。場合によっては、ロシア人を任命することもあった。

ロシアという国の新しい理論を支える第三の柱は、「被害者意識」だ。ソビエト連邦の崩壊後、ロシアの自尊心は傷つけられた。傷つけたのは、ロシアの伝統とかけ離れた価値観をもつ欧米諸国にほかならない。

だが、プーチンとその側近たちは、「非ナチ化」という旗を振りかざすばかりで、戦争の真の目的を明らかにしていない。ロシア国内でくり返されているのは、八年間攻撃されつづけてきたドンバス地方の住民を護らなければならない、ウクライナ国内には——あくまでもモスクワに言わせればだが——欧米の指示によってロシアへの侵略を目論む敵の体制が存在する、といった主張ばかりだ。しかし、実際のところは、クレムリンが、政治的な意味でヨーロッパの一員となるための足掛かりをつくろうとしている民主主義のウクライナに我慢ならないだけだ。戦争が長引けば、たとえどのような結果になろうと、ウクライナの民主化とヨーロッパ化が遅れることになる。ロシア指導部は、ウクライナにおける少数派のロシア系住民の存在にも言及し、教育の場や官公庁などにおいてロシア語を使用するなど、彼らがすべての権利を享受できるようにすべきだと主張している。それでいて、侵攻直後の一か月は、多数のロシア語話者が住む地域に爆撃が集中していた。同様に、住み慣れた家をあとにせざるをえなかった避難民の多くがロシア語話者だ。攻撃開始以降、ロシア語話者のあいだでも多くが、しだいにウクライナ語を話すようになっている。

侵攻に対し、ウクライナ人は、ロシア語話者も含めておなじような反応を示している。憤慨する者、逃げだす者、武器を手にして祖国を護ろうとする者……。花束を掲げて戦車を出迎えた者はごくわずかしかいなかった。そのため、ロシアは征服した地域の住民をウクライナの外へと移送し、追い払い、恐怖に陥れる必要があった。彼らの言う「非ナチ化」とは、国民性を奪うことであり、ジェノサイドなのだ。一九四八年の国際連合の集団殺害罪の防止及び処罰に関する条約〔ジェノサイド条約〕におけるジェノサイドの定義を参照すると、条約のC項とE項では、ある民族集団に対して、故意に「全部または一部に肉体の破壊をもたらすために意図された生活条件を課すこと」、そして「集団の児童をほかの集団に強制的に移すこと」とされている。いずれも、ウクライナでおこなわれたこと、そして現在もおこなわれていることだ。

二〇二一年七月十二日にプーチンが発表した論文は、「ロシア人とウクライナ人の歴史的一体性」というタイトルからして、政治的計画を雄弁に物語っている。ウクライナ人とロシア人は、現在は「不幸と悲劇」の壁によって隔てられているものの、ひとつの民族で、歴史的、精神的にひとつの空間に属しているというのがその主張だ。この論文は、経済的・戦略的合意を結ぼうというロシア側の試みを数年にわたってことごとく拒否してきたウクライナ指導部に対する非難の言葉で締めくくられる。過去を否定することで国の独立を正当化しようと決めたのは、ウクライナの指導者たちだというのだ。彼らが歴史を神話化して書きなおし、自分たちをモスクワに結びつけていたすべてを修正し、ウクライナがロシア帝国やソビエト連邦の一部であった時代について、あたかも占領されていた時代であるかのように言及しはじめたのだと指摘している。

いまわたしがいる国では、そのようには考えられていない。町を歩きながら上を見あげると、第三国にいるというのに、至るところにウクライナの国旗が掲げられている。そして、ロシア大使館の前には、戦争や死をイメージするパネルが掲げられている。ここにいると自由だと感じるが、だからといって、危機を切り抜けたという高揚が、新しい国で生きていくうえでの数々の困難を軽減してくれるわけではない。娘のアンナが疲れた体を休めてエネルギーを蓄えているあいだ、わたしは役所の諸手続きと闘っている。

この国に到着したとき、ロシアのクレジットカードはブロックされていて、すべて一からやり直さなくてはならなかった。まさしく白紙からのスタートだ。新しい環境に慣れることは容易ではなく、現在もまだ生活は不安定で、明日は何が待ちうけているのかわからない。欧米諸国がロシア国民に対して課したあらゆる制裁を、わたしたちは身をもって体験した。率直に言って、わたしたちの普通の暮らしを妨げている。それでいて、この一連の新たな制裁が戦局に影響するとは少しも思えない。それがもたらすただひとつの影響は、多くの国々において、ロシアのパスポートを持っているだけで、ロシア国籍という絶対的にネガティブな烙印を押されるうえに、各種の事務手続きをするにあたって数々の大きな困難に立ち向かわなくてはならないということだけだ。ロシア人であることは由々しき問題であり、ウクライナ戦争のおかげで浮上した実在の障壁なのだ。こうして、この文章を書いているあいだにも、わたしたちの滞在ビザの有効期限は近づくばかりで、労働許可はいっこうに下りないままだ。人生は、真っ暗で不安定な道に沿って敷かれた不明瞭なレールの上を進んでいく。それでも、落ちこんでばかりはいられない。

第二十一章

家が燃え、橋が焼け落ちる

わが家の菜園付き別荘は、おとぎ話に出てくるような場所だった。田舎に別荘をもつのは、ロシアでは伝統的な慣習だ。混沌とした都会で暮らすロシア人は、休日くらいは自然に癒やされて過ごしたいと思っている。週末にきれいな空気を吸いにいくだけでもいい。わが家の別荘は広い庭のある二階建てのログハウスで、九〇年代初頭に、川辺の絶景を見晴らせる斜面に建てられた。

わたしとイリヤーはこの場所にたくさんの思い出がある。若い頃は友達を集めて盛大なパーティーをひらいた。両親は家や周辺の土地を整備したものの、何か具体的な目的があるわけではなかったようだ。ふたりとも美しい緑や花を育て、芝生の手入れをするのが好きだった。別荘は、モスクワから九〇キロメートルほど離れたルザ地区にあった。

母と別荘で過ごした数々の思い出のなかでもっとも鮮明に記憶しているのは、亡くなった年の夏のことだ。妊娠を告げてから数日後のある日、もう時期も終わろうとしているのに、母はニンジンの苗を植えはじめた。

それまではもっぱら花に情熱を注いでいた母が、本気で家庭菜園に挑戦するのは初めてだった。植える時期が悪かったため、その年に収穫できたニンジンはわずかで、大きさも小ぶりだったが、そんなことはどうでもよかった。母は、わたしとお腹の赤ちゃんに、わが家の有機栽培のニンジンを食べてほしかったのだ。

「この中にわたしの孫がいるのね。ちゃんと栄養をとらなくちゃダメよ」。わたしのお腹を指さしながら、母はそう言った。そして、有給休暇がたくさんたまっているから、赤ちゃんが生まれたらまとめて消化して、手伝ってあげるわね、と言い添えた。

翌年の三月に娘のアンナが生まれると、わたしは夏を待って別荘に連れていった。アンナにそこでなるべく長い時間を過ごさせたかったので、ゆっくり滞在した。生まれてまもないアンナ・ヴィクトリヤは、その場所をとても気に入った。何もかもが昔のまま、父と母が一つひとつの部屋や空間を、隅々まで想像しながら建てたときのままだった。

母は、よく別荘へ執筆をしにいった。ベランダに腰かけてパソコンをひらき、犬が寝そべる隣で込み入った文章を書くことに没頭していた。

わたしが娘を連れてロシアから脱出したあとの二〇二二年五月六日、別荘の隣人から電話があった。

「火事よ！　お宅が燃えてる。あなたの別荘が火事なの！」大声で叫んでいた。

爆発音がしたかと思うと火の手が上がり、瞬く間に炎が家を包みこんだのだった。近隣の住居に燃えひろがらなかったのは、奇跡としかいえなかった。パニックに陥ったわたしは、あわてて父に電話をかけた。小火《ぼや》程度ですぐに消せるかもしれないし、一部が燃えただけか

別荘に手ずから植えた花に囲まれるアンナ

もしれない。父は現場に急いだが、到着したときには、別荘は完全に焼け落ちていた。

消防士が急いで駆けつけてくれたおかげで、周辺に燃えひろがるのを防ぐことができた。父が、近所の人の撮った動画や写真を送ってくれた。目の前で別荘が大きな炎に飲みこまれていく。わたしは無力にも、何千キロメートルも離れた場所からその光景を眺めることしかできなかった。

ただの火事ではなかった。消防士の話によると、これほどの規模の火事は放火である可能性が高いそうだ。父は言った。「おしまいだよ、ヴェーラ。別荘はなくなった。何ひとつ救いだせなかった」

わたしの娘が受けた脅迫、国を出るという苦渋の決断、母の暗殺の首謀者が正当に裁かれなかったこと。あらゆることに耐えてきた。だが、状況からして、このときばかりは話がべつだった。両親と娘と友人たち……。大切な人たちがみんなそろったわたしの過去の一部を、何者かに燃やされた気がした。

わたしは炎に包まれる別荘の動画をくり返し再生しながら、背後に残してきたいくつもの橋を想像した。その橋もまた燃えていて、進むべき道を照らしているような気がした。愛する人を失うと、その人が触れたもの、つくったもの、使っていたものとのあいだに特別な関係が芽生える。殺害されてから数年した頃、母が愛用していた花瓶が割れたとき、わたしは自分で自分の反応に動揺した。人はそんな経験をして初めて、この世にはかけがえのないものがあることに気づくのだ。だれかが永遠に旅立ったあとに残された過去の欠片《かけら》。役に立たないものもたくさんあったけれど、思い出の詰まったわたしたちの別荘がそっくりなくなってしまったという事実に、わたしは完全に打ちのめされた。

火事から数か月して、隣人からふたたび電話があった。わたしは、火事で庭を含めた敷地全体が燃え尽きたものとばかり思いこんでいたのだが、夏になって母の菖蒲《あやめ》と芍薬《しゃくやく》が花を咲かせたのだった。母の植えた大きな柳の木は、緑の葉に覆われた。最初のうちはものすごく小さかった柳だったが、わずか数年で母の背丈を越える高さになったのを憶えている。隣人の話によると、芝生はふたたび緑の絨毯《じゅうたん》に生まれ変わり、庭をぐるりと囲む柵を這っていた木蔦《きづた》は、旺盛に葉を茂らせ、人びとの不躾《ぶしつけ》な視線を遮断しているそうだ。

それは、まさに母の望んでいたことだった。

解説

安間英夫（ＮＨＫ解説委員）

十七年前に暗殺されたロシアの著名ジャーナリスト、アンナ・ポリトコフスカヤなら今の状況をどうとらえるだろうか。そのことを考えさせられる本だ。

本書は、家族による伝記にとどまらず、二〇二二年二月に始まったロシアによるウクライナ軍事侵攻後のロシア社会の空気を映す記録となっている。母と同じジャーナリストの道を歩んだ娘ヴェーラ本人の考察も一読に値する。

プーチンやウクライナ侵攻についての論考は星の数ほどあるが、本書は、ポリトコフスカヤをもっとも身近に知る者の視点で体験を綴り事象を見つめたもので、異彩を放っている。

ロシアの独立系新聞「ノーヴァヤ・ガゼータ（新しい新聞の意）」の記者（評論員）として活躍していたアンナ・ポリトコフスカヤは二〇〇六年十月、モスクワの自宅アパートのエレベーターで凶弾に倒れた。

「ノーヴァヤ・ガゼータ」は、ロシアという国にあってリベラルで自由な報道の旗振り役となってきた。同紙ではアンナを含む六人の記者らが殺害されている。編集長ムラートフは二〇二一年、ロシアにおいて「報道の自由のために闘った」としてノーベル平和賞を受賞した。ムラートフはアンナをはじめ犠牲になった同僚たちに贈られた賞だと指摘したが、そのとおりだろう。殺害されるまでプーチン政権を厳しく批判していたアンナの指摘は、十七年たっても色あせないどころか、プーチン政権のはらむ危険性と闇を早くから警告していたものとしてむしろ重みを増している。

アンナは、取材した事実については雄弁、果敢に記述する一方、私生活も含め自身のことはあまり書かなかった。本書は、ヴェーラが子守歌代わりに聞いていたタイプライターの音の描写で始まる。こうした数々の日常生活のエピソードは、「ペンを握る闘士」と評されてきたアンナの素顔や家庭人の姿を浮き彫りにしている。厳しい取材、執筆活動の裏で、家族との生活でささやかな安らぎを得ていたことがうかがえる。

アンナが殺害されたとき、私はモスクワに駐在しており、現場に取材に駆けつけた。アパートのすぐそばにロシア製の大衆車が止めてあった。聞けばアンナの車だという。後部座席に庶民の通うスーパーの袋が山積みになっていたのに気づいた。著名なジャーナリストが市井の人たちと同じような暮らしをしていたことが印象に残った。この日あったことは、直前の家族とのやりとりを含めて本書に詳細に記述されている。

しかし、その暮らしは常に緊張と背中合わせだった。取材していた新興財閥から脅され、アンナが怯え、取り乱していた様子。脅迫電話、不測の最悪の事態にどう行動すればよいのかを子どもたちに教示していたこと、さらにその言葉の端々から読み取れる「死を意識していた日常」。ロシアでジャーナリストとして信念を貫こうとすれば、命の危険を感じざるを得ない。そのことが家族の証言としてリアルに記録されている。

圧倒されるのが、アンナの取材にかけるエネルギーだ。取材対象、取材自体、そして執筆。ときには家庭生活を犠牲にしてまで、使命感にとりつかれて仕事に向きあっていたことがわかる。

なぜそこまで危険な仕事に取り組むのか。本人が直接語らなかった信念が娘の言葉で語られている。

民主主義と自由を夢見ていたこと（14〜15ページ）。そして「歴史を変える重要なできごとにおいてあまりに頻繁に犠牲となるのが一般の市民であり、ときには命すら落とすこともある……市民の犠牲を許してはならない」（32ページ）と考えていたことだ。

では、もしアンナなら、今のウクライナでの戦争についてどう取り組んだだろうか。チェチェンでそうしたように、戦地や遺族のもとに足を運び、話を聞き、記事化し、政権を真っ向から批判していただろう。

本書では、アンナの遺志を受け継いだ娘ヴェーラが、みずからの体験も含め、ロシアを内側から見て考察したことや、不条理さを書き綴っている。その指摘は、アンナのような厳しい糾弾ではなく、さりげないが、本質をついたものだ。

「わたしの国においては、自由は少数の人にしか許されない贅沢品」（61ページ）

「地図上では強国だが、実際のところは未解決の問題が山積し、国民の不満ばかりがくすぶっている国」（67ページ）

意外に思われるかもしれないが、プーチンは二〇〇〇年に最初に大統領に就任したあと少なくとも数年は、今ほど強権化していたわけではない。そのころプーチン政権の統治手法は「管理された民主主義」と言われた。

ポリトコフスカヤがチェチェンでの人権侵害を告発し、プーチンをはじめその体制下の当局者をどんなに糾弾しても、「ノーヴァヤ・ガゼータ」は発行されていた。当時のマスコミ統制の手法は、広く大衆に強い影響力を持つ主要テレビ局は国営もしくは国の傘下におさめて統制するが、それ以外の新聞、ラジオ、インターネット、SNSなどは批判的な報道があってもそれほど厳しく統制しないというものだ。テレビと比べて圧倒的に影響力が小さかったためだ。

しかしプーチンによる統治が年月を重ねるごとに政権の体質は強権化した。反対派の弾圧や言論やデモの抑圧で、政権への異論を許さない空気が強まっていく。

今はどうだろう。ウクライナでの戦争に反対する言動は軍をおとしめる行為として厳しく取り締まられ、本書の指摘のとおり、街頭でプラカードを掲げるふりをしただけでも身柄を拘束されるという滑稽なことが起きている。

プーチンは国を守るという使命を拡大解釈し、みずから築いた体制とシステムを維持することを自己目的化していった。反政権派や欧米による批判は、体制転覆を目的としたものだという考えを強めるようになっていったのだ。こうした過剰なまでの警戒心、猜疑心、独自の信念が、今のウクライナ侵攻にもつながっている。

ヴェーラはアンナから「勇敢でありなさい。そしてすべての物事をしかるべき名前で呼ぶのです。

独裁者は独裁者と」（10ページ）と教訓を受けたという。

母の殺害から十七年たった今、ヴェーラは母の教えを実践した。

本書では、数々のロシアの不条理が指摘されている。

プーチン政権下で暗殺されたのは、アンナとその同僚記者たちだけではない。反政権の元治安機関職員のリトヴィネンコはロンドンで殺害された。野党指導者のナワリヌイは二〇二〇年、毒殺未遂事件にあった。

これらは偶然だろうか。プーチン政権下で体制を批判したものは、軒並み殺害（未遂も含む）されたり、逮捕されたりしている。彼らが平穏な人生をまっとうすることは難しい。すべてがプーチンと関係しているとはいえないが、こうした依頼殺人はプーチン政権下で顕著になっている。

二〇二三年六月にロシア軍を批判して武装反乱を起こしたプリゴジンも二か月後、乗っていたプライベートジェット機が墜落して死亡し、内外に衝撃を与えた。

問題なのは、真相がほとんど解明されないことだ。アンナの事件にしても実行犯は処罰されたものの、背後関係は明らかにされていない。ナワリヌイの毒殺未遂事件も、国際的な調査報道グループが証拠を突きつけ、治安当局の犯行だと断じてもプーチン政権は事実無根だと一蹴した。

こうした不条理にロシアの人たちはどう対応しているのだろうか。

プーチン政権下で批判が困難となり、とりわけウクライナでの戦争後、ＳＮＳや知人との会話も当局が取り締まる状況にいたると、人々はいっそう声を潜めるようになった。

本書でも「意識を抑圧する訓練が日常となり、無関心を貫くことが生き延びるための道となった。その枠からはみ出した者は運がよければ錯乱者として扱われ、悪ければ排除すべき危険分子と見做される」（119～120ページ）と指摘されている。

プーチンの支持率は、ウクライナでの戦争後も八〇パーセント前後と高いままとなっている。ロシアの人たちは、ソビエト崩壊で国家が崩壊する怖さを実際に経験した。強権的、独裁的な体制が続くことより、体制が崩壊し、無秩序となることをおそれる気持ちが根強く残っていることが背景にある。

ロシアでは、ウクライナ軍事侵攻後、戦争反対を訴えること自体が違法とされ、「ノーヴァヤ・ガゼータ」編集長のムラートフは二〇二二年三月、国内での発行停止という苦渋の決断を迫られた。また二〇二三年七月、チェチェンで取材を続けていた同紙の記者、エレーナ・ミラシナと弁護士が何者かに襲撃され重傷を負う事件もあった。それでも「ノーヴァヤ・ガゼータ」は国外に逃れた記者たちがプーチン政権に批判的な報道を続け、ミラシナも取材はやめないとしている。

二〇二三年の秋、ウクライナでの戦争は長期化し、終結の見通しはたっていない。また二〇二四年三月にはロシアで大統領選挙が予定されている。プーチンは自ら改正した、過去通算四期の任期をゼロとカウントする憲法の規定にもとづき、再び立候補するのではないかと見られている。選挙をにらみ、プーチン政権は体制の動揺をおそれ、さらに引き締めを強めていくだろう。

本書の内容や主張に、プーチン政権やその支持者、つまり体制側はおそらく冷ややかな視線を向けるに違いない。

果たしてロシアに希望はあるのか。

ムラートフはノーベル平和賞の受賞が決まった際、なぜジャーナリストが危険を冒してでも報道に取り組むのかと問われて、「世の中を少しでもよくしたいという思いからではないか」と述べた。ノーベル賞委員会がジャーナリストに平和賞を贈ったのは、報道の自由こそが民主主義、ひいては平和につながるという考えからだ。

本書も、ロシアの絶望的な言論状況に一筋の光を灯し、世の中をよくし、民主主義や平和につながると信じたい。

二〇二三年十月

訳者あとがき

ロシアには、政権にとって不都合な真実を報じたがために、暗殺されたジャーナリストが数多くいる。なかでも第二次チェチェン紛争の最中《さなか》、現場に何度も足を運び、誰にも知られずに葬り去られかけていた市民たちの窮状を伝えるなど、プーチン政権下での人権侵害を追求し続けたアンナ・ポリトコフスカヤの名は、世界中の人々の記憶に刻まれている。なんの罪もない彼女を自宅のエレベーター内で射殺するという、残虐非道な手法への憤りとともに。そして、彼女の勇気と、「私以外にここで起きていることを語る人はいない」という使命感は、いまもなお多くの人たちの心を動かし、とりわけジャーナリズムを志す人たちに影響を与えている。

本書の共同執筆者であるイタリア人、サーラ・ジュディチェも、アンナに強く影響を受けたジャーナリストの一人だ。イタリアの民放テレビ局〈ラ・セッテ〉で報道記者として働くサーラが、二〇二二年のロシアによるウクライナ侵攻の報を受けて頭に浮かんだのが、アンナ・ポリトコフスカヤだった。アンナであれば、この侵攻をどのように伝えるだろうか。

「当時、私はジャーナリストとして、少し違う角度からこの戦争を伝えたいと感じていました。つまり、多くの仲間が実際に前線に赴いて報じているような戦場の光景からは距離をおき、ロシア国内で、なんらかの形で抵抗を試みようとしている人にも焦点を当てられないかと考えたのです。そのとき真っ先に頭に浮かんだのが、ジャーナリズムの自由のために命を賭した、アンナ・ポリトコフスカヤでした」（日刊紙「ドマーニ」、二〇二三年一月二十三日付のインタビュー記事より）。

早速サーラは、アンナの娘ヴェーラとコンタクトをとった。そして、アンナの死から十五年以上が経過しているにもかかわらず、「ポリトコフスカヤ」という姓であるが故に、ヴェーラの十五歳の娘がいじめや脅迫の対象となり、ロシア国外（それがどこかは、本人とその家族の安全のために明確にはされていない）に逃れざるを得ない状況に陥っていることを知る。二十六歳のときに母を暗殺されるという壮絶な体験をしながらも、ロシア国内にとどまり、いまだに明らかにされていない母の死の真相を究明しようとしてきたヴェーラ。ロシア国内では口を閉ざしてきたヴェーラだが、国外に脱出したことによって重石が取り除かれたかのように語りはじめる。「わたしは国境を越えた瞬間、ようやく自由に、母の生涯や母といっしょに過ごした日々を思い出すことができると感じました。報道の自由のための母の闘いや、チェチェンでの戦争犯罪について母が取材してきたことを、語ることができるのだと」（日刊紙「コリエーレ・デッラ・セーラ」ベルガモ版、二〇二三年二月二十二日付のインタビュー記事より）。

サーラとヴェーラ、二人の若き女性ジャーナリストの出会いは、家族の目を通して見たアンナの素顔を、アンナという「英雄」を母に持ったが故の家族の喜びや苦悩を、アンナが世界に託したメッセージを、一冊の本としてまとめ、多くの人に読んでもらうべきだという確信と覚悟につながる。こうして、二人の共同作業を経て、二〇二三年二月にイタリアの大手出版社リッツォーリからイタリア語で刊行されたのが、本書である(ところどころに通貨単位としてユーロが用いられているのは、そのためだ)。

原題は、*Una madre. La vita e la passione per la verità di Anna Politkovskaja* 直訳すると、「ひとりの母親アンナ・ポリトコフスカヤの真実を追い求めた情熱と生涯」となる。この「ひとりの母親」というタイトルには、ヴェーラと兄のイリヤー、二人の子の「母親」であるだけでなく、踏みにじられ、存在を無視されてきたチェチェンの多くの市民たちにとって、自分たちのことを世界に向けて語り続けたアンナは、精神的な意味で母親のような存在だったという意味合いがこめられていると、サーラは述べている。同時に、ヴェーラもまた、母とおなじ「アンナ」という名を授けた娘を護らなければならない「ひとりの母親」として、在りし日の母の言葉を胸にジャーナリストの道を歩んでいる。

本書は発売前のフランクフルトのブックフェアで注目を集め、フランス、ドイツ、オランダなどヨーロッパ諸国を中心に順次翻訳刊行されているが、ロシア国内で刊行される予定はない。日本では、いずれもNHK出版より三タイトル刊行されているアンナ・ポリトコフスカヤの著作も、ロシア語から訳されたのは『チェチェンやめられない戦争』(三浦みどり訳)の一冊のみで、『プーチニズム　報道されないロシアの現実』、『ロシアン・ダイアリー　暗殺された女性記者の取材手帳』(ともに鍛原多惠子訳)の二冊は、ロシアでは刊行されていない。ウクライナ侵攻後、言論統制がさらに厳しくなったロシアでは、政権への批判は困難になる一方で、本書もまた、プーチン大統領にとって、好ましくない本の一冊といえるだろう。

残念ながら、前述の三冊のアンナの著作は、日本では現在いずれも品切れ重版未定の状態である。一方、やはり彼女から大きな影響を受けたというイタリアを代表する漫画家、イゴルトの手によるグラフィック・ノベル『ロシア・ノート　アンナ・ポリトコフスカヤを追って』（栗原俊秀訳、花伝社）の邦訳が、二〇二三年六月に刊行された。このタイミングでアンナに関連する書籍がイタリア語から二冊続けて邦訳されることは、特筆に値するだろう。「アンナ・ポリトコフスカヤ」という名は、言論の自由の象徴としてヨーロッパ諸国では崇められており、ミラノやパリ、そしてプラハには、彼女の名を冠した公園や通りがあるほどだ。ひるがえって日本では、彼女の名を記憶にとどめている人が果たしてどれほどいるだろうか。本書の邦訳が、アンナという人物にふたたび光があてられ、彼女の遺したメッセージを改めて嚙みしめるきっかけとなることを期待する。

本書を日本の読者にお届けできるのは、ひとえにNHK出版の猪狩暢子さんの熱意によるものだ。前述のアンナ・ポリトコフスカヤの著作三冊の編集もすべてご担当された彼女は、本書がイタリアで刊行されることを知るや、迷わず版権を取得し、邦訳出版に向けて動かれた。そんな猪狩さんより本書の翻訳の打診をいただいた訳者は、正直戸惑った。一読して、ヴェーラという女性の芯の強さに、そして母アンナへの思いに胸を揺さぶられたものの、ロシアの政治・文化事情に疎く、ロシア語の発音すらわからない訳者に、このような大役が務まるのだろうかという不安のほうが大きかったからだ。けれども、猪狩さんが心強いサポート体制を整えてくださったお蔭で、こうして無事に最後まで訳しあげることができた。猪狩さんの熱意に敬意を表すると同時に、細部まで行き届いたご配慮とご助言に、心よりお礼を申しあげる。そして、訳文を丁寧に吟味し、ロシア事情のみならず、日本語の用語に関しても的確なアドバイスをくださり、本書を理解するうえでの手助けとなる解説を寄せてくださったNHK解説委員の安間英夫さん、ロシア語の固有名詞とそのカタカナ表記について細かくチェックしてくださった小林丈洋さんのお二人に、この場をお借りして深く感謝したい。

紛争地にも果敢に赴き、命を賭してジャーナリズムの精神を貫いた女性。そういうと、たいそう強面のイメージがあるが、本書を読むと、アンナ・ポリトコフスカヤも、わたしたちとおなじひとりの女性であり、孫の誕生を心待ちにしていた、ごく普通の母親であったことがわかる。そして、そんな「ひとりの母親」が、真実を伝えたいという一心で仕事をしてきたが故に命を奪われるという、プーチン政権下のロシアの恐ろしさが改めて浮き彫りになる。

「知っておかなければいけない。真実を知ればみんな、居直りとは無縁になれる」（『チェチェンやめられない戦争』より）。そう語っていたアンナの思いが、こうして次世代に受け継がれ、語り継がれることが、希望の灯りとなることを願ってやまない。

二〇二三年　秋

関口英子

著者

ヴェーラ・ポリトコフスカヤ　Vera Politkovskaja

1980年生まれ。ジャーナリスト、放送作家。2006年10月7日、世界的に著名なジャーナリストであった母、アンナ・ポリトコフスカヤが何者かに殺害されたとき、ヴェーラは26歳だった。ロシアがウクライナに侵攻したときまではモスクワに暮らしていたが、その頃から身の危険を感じはじめ、家族とともに安全な国外に脱出した。

サーラ・ジュディチェ　Sara Giudice

1986年生まれ。ジャーナリスト。2015年からイタリアの民放テレビ局〈ラ・セッテ〉の報道番組「ピアッツァプリータ」の特派員。2020年、バルカン半島の移民ルートを取材し、マルコ・ルケッタ賞を受賞。

訳者

関口英子　Sekiguchi Eiko

イタリア文学翻訳家。大阪外国語大学イタリア語学科卒業。訳書に、パオロ・コニェッティ『帰れない山』、カルミネ・アバーテ『海と山のオムレツ』(以上、新潮社クレスト・ブックス)、アルベルト・モラヴィア『同調者』、プリーモ・レーヴィ『天使の蝶』(以上、光文社古典新訳文庫)、イタロ・カルヴィーノ『最後に鴉がやってくる』(国書刊行会)など多数。『月を見つけたチャウラ　ピランデッロ短篇集』(光文社古典新訳文庫)で第一回須賀敦子翻訳賞受賞。

森 敦子　Mori Atsuko

イタリア語翻訳家。東京外国語大学イタリア語専攻卒業。訳書に、アリアンナ・ファリネッリ『なぜではなく、どんなふうに』(東京創元社、共訳)、ピエルドメニコ・バッカラリオ他『だれが歴史を書いてるの？　歴史をめぐる15の疑問』(太郎次郎社エディタス)などがある。

編集協力　安間英夫
　　　　　小林丈洋
校正　鈴木由香
組版　佐藤裕久

母、アンナ
ロシアの真実を暴いたジャーナリストの情熱と人生

2023年11月20日　第1刷発行

著者　ヴェーラ・ポリトコフスカヤ
　　　サーラ・ジュディチェ
訳者　関口英子
　　　森 敦子
発行者　松本浩司
発行所　NHK出版
〒150-0042　東京都渋谷区宇田川町10-3
電話 0570-009-321（問い合わせ）
　　 0570-000-321（注文）
ホームページ　https://www.nhk-book.co.jp
印刷　三秀舎／大熊整美堂
製本　二葉製本

ISBN978-4-14-081950-0 C0098